J. Stafford Wright

7·80

Der Christ
und das Okkulte

W0181096

BIBELLESEBUND
FÜR DEUTSCHLAND UND DIE SCHWEIZ
R. BROCKHAUS VERLAG WUPPERTAL

Titel der englischen Originalausgabe:
„Christianity and the Occult"
erschienen bei: Scripture Union, London
Copyright © 1971 by J. Stafford Wright
Deutsch von Elisabeth I. Aebi

1974
Umschlag: Ralf Rudolph, Düsseldorf
Druck: Schönbach-Druck GmbH, Erzhausen
ISBN 3—417—00407—1 (R. Brockhaus Verlag)
ISBN 3—87982—053—8 (Verlag Bibellesebund)

VORWORT

Die Thematik dieses Buches ist für den deutschen Sprachraum höchst aktuell. Dies wird aus der Statistik ersichtlich, die Richard Kriese im Anhang bringt. Die Ausführungen J. Stafford Wright's möchten hier helfen, indem sie auf die Gefahren des Okkultismus und deren Überwindung hinweisen. Sie erheben nicht den Anspruch, ein umfassendes Standardwerk darzustellen.

Kritische Leser werden sich fragen, ob alle, die in diesem Buch zu Worte kommen, sich mit allen Ansichten des Verfassers identifizieren. Sicher wird das bei solch einem umfassenden Themenkreis nie möglich sein. Die unterschiedlichen Ansichten werden immer an den Grenzgebieten deutlich, so z. B. bei der Frage, ob man durch das Lesen von Horoskopen schon belastet sein könnte. Wo fängt überhaupt Okkultismus an und wo hört er auf? Es ist auf jeden Fall richtig, wenn man diesen Dingen distanziert gegenübersteht.

Ein Vorwurf, den man ähnlichen Büchern macht, ist dieser: Über den Teufel und seine Macht nachzudenken, das ist doch negative Meditation; schließlich sieht der Leser überall nur noch den Teufel am Werk! Diesem Buch gegenüber besteht dieser Einwand nicht zu Recht. Es handelt sich eher um positive Meditation, denn der Verfasser sieht diesen Themenkreis eindeutig vom Sieg Jesu her. Außerdem erkennt er, stärker als andere, viele Phänomene als psychologisch erklärbar.

Ich halte es für sehr wichtig, daß man als Christ um den Okkultismus weiß, um diagnostizieren und schließlich helfen zu können. Die innere Haltung darf dabei nicht Neugierde, sondern muß ein Stehen unter dem Schutz des Blutes Jesu sein. Deshalb ist hier nicht Angst, sondern Freude an Jesus Christus und seinem Sieg am Platz. Ich wünsche, daß dieses Buch vielen zur Hilfe wird.

Marl, Oktober 1973   Manfred Priebe

INHALT

Woher stammt die Neigung zum Okkulten?

von Anne C. Long

Die Anziehungskraft des Übernatürlichen ist nichts Neues. Zur Zeit des Alten Testaments hatten die Ägypter ihre Magier, die Babylonier ihre Astrologen und die Assyrer ihre Traumbücher. Heute klären uns Tageszeitungen und Zeitschriften über unser „Schicksal in den Sternen" auf, und überall finden wir astrologische Kalender, Talismane, Wahrsagerei und anderes mehr. Wir machen es uns zu leicht, wenn wir sagen: „So ist es immer gewesen, und so wird es immer sein", oder: „Je weniger man davon spricht, desto besser". Wenn wir als Christen eine solche Einstellung vertreten, wird uns das zunehmende Interesse der westlichen Welt an allem Mystischen, Psychischen, Okkulten und Dämonischen völlig unvorbereitet treffen.

Als ich kürzlich in England mit einer Gruppe von nichtchristlichen Studenten diskutierte, erfuhr ich, daß die meisten von ihnen schon in der Volks- oder Mittelschule aus Neugier an spiritistischen Sitzungen teilgenommen hatten. Mehrere waren über das dabei Erlebte so erschrocken gewesen, daß sie sich schon bald wieder davon zurückgezogen hatten. Eines aber war aufschlußreich: Obwohl keiner dieser Studenten von sich behaupten konnte, in persönlicher Beziehung zu Gott zu stehen, glaubte doch jeder einzelne von ihnen an die Wirklichkeit des Übernatürlichen. Vor 20 Jahren wäre das anders gewesen.

Die Filmindustrie macht sich die heutige Neigung zum Okkulten zunutze. So ist z. B. der Film „Rosemarys Baby" eine bewußte Perversion der Inkarnation: Rosemary empfängt ein Kind von Satan. Auch das Fernsehen bringt immer häufiger

Dokumentarfilme und Diskussionen über Magie und Okkultismus.

Manche sind der Meinung: „All das gehört unvermeidlich zum Rattenschwanz unserer Kultur, und solange wir diesen gefährlichen Ratten aus dem Weg gehen und an unserem Glauben festhalten, ist alles in Ordnung." — Aber Ratten vermehren sich, wenn man sie nicht ausrottet, und deshalb können wir uns vermutlich auf die Dauer nicht mit bloßen Ausweichmanövern begnügen. Wer unter jungen Menschen lebt und arbeitet, der weiß, daß dieser ganze Komplex des Übersinnlichen zu einem festen Bestandteil unserer heutigen Kultur geworden ist und rasch an Einfluß und Mannigfaltigkeit zunimmt. Ein junger Nonkonformist *) meinte kürzlich: „Die westliche Gesellschaft ist zu materialistisch eingestellt, deshalb suchen viele junge Leute nach etwas Neuem." Sind wir bereit, ernsthaft auf solche Bemerkungen einzugehen? Was sollen wir einem jungen Menschen raten, der aus Enttäuschung über eine materialistische Gesellschaft sein Heil im Okkultismus sucht?

Während einer Jugendfreizeit schlug ein Teilnehmer vor, eine spiritistische Sitzung zu veranstalten. Diese Bemerkung allein hatte zur Folge, daß ein Junge, der kurz zuvor „zum Spaß" an einer solchen Sitzung teilgenommen hatte, heftig von einem bösen Geist angegriffen wurde. Der Freizeitleiter mußte herbeigerufen werden, um sich mit dem Jungen zu befassen. Sind wir auf solche Fälle vorbereitet?

Zwei mir bekannte Oberschüler bekamen die Aufgabe, im Unterricht ein Referat über ein selbst zu wählendes Thema zu halten. Sie entschieden sich für die Magie. Um Stoff für ihre Arbeit zu sammeln, versuchten sie, mit einer Geisterbeschwörerin in Briefwechsel zu treten und suchten eine Wahrsagerin in London auf. Inwiefern bin ich als Lehrerin dafür verantwortlich? Sind wir bereit, uns in solche dunklen Beschäftigungen unserer Schüler verwickeln zu lassen oder gute Gründe anzugeben, warum wir uns nicht darauf einlassen?

Das sind heute brennende Fragen. Die Bibel empfiehlt uns nicht, auf eigene Faust in diesen Dingen herumzustochern. Aber wir müssen unbedingt wissen und verstehen, was sie als höchste Autorität über Gott, den Menschen, Satan und das Übernatürliche lehrt.

---

*) *Weniger geläufige Fachausdrücke werden am Schluß des Buches erläutert.*

In einem Zeitalter, wo wir einer verwirrenden Vielfalt von Ansichten und Meinungen ausgesetzt sind, können wir als Christen dem Okkulten gegenüber offenbar vier verschiedene Haltungen einnehmen:

Erstens: Diese Strömungen in unserer heutigen Kultur sind unvermeidlich und unabänderlich — wozu sich also aufregen und Sorgen machen?

Zweitens: Wir haben allen Grund, besorgt zu sein. Aber wir können nichts dagegen unternehmen; also: Augen und Ohren verschließen, den Kopf in den Sand stecken und die böse Welt böse sein lassen.

Drittens: All das ist höchst interessant, und wir sollten soviel wie möglich davon wissen, ja am besten gleich selbst ein wenig eigene Erfahrungen sammeln.

Viertens: Diese Strömungen werden höchstwahrscheinlich noch zunehmen, müssen ernstgenommen werden und gehören mit zu Satans verzweifeltem Versuch, den Sieg Christi zunichte zu machen.

Wenn diese letzte Annahme stimmt, genügt es nicht, die Tatsachen zu kennen. Dann ist Vorsicht geboten, und wir müssen uns mit geistlichen Waffen für einen geistlichen Kampf ausrüsten lassen.

Das wachsende Interesse an okkulten Dingen mögen wir bedauerlich, ja alarmierend finden, aber es sollte uns eigentlich nicht überraschen. Es ist die logische Folge eines Denkens, aus dem Gott ausgeschlossen worden ist. Die meisten jungen Leute haben keine Zeit für Gott, da sie aber von ihm geschaffen sind, müssen sie einfach über die materialistisch geprägte Umwelt hinaus nach Sinn und Ziel des Lebens forschen — und diese Suche muß sie in Richtung auf das Übersinnliche führen. Was steckt hinter diesem Widerspruch?

In vergangener Zeit betrachtete ein großer Teil der Menschen Gott als Schöpfer und Erhalter des Universums. Gott hatte es geschaffen und bevölkert, und er war auch der Bezugspunkt aller moralischen Gesetze, die es regierten. So orientierte sich der Begriff „gut" an einem „guten" Gott, und „böse" war das Gegenteil davon. Gleichermaßen war der Begriff „recht" in Gottes eigener Natur verankert, und „Unrecht" war das Gegenteil. Dank dieses festen Bezugspunktes wußten die Menschen, was gemeint war, wenn jemand sagte: „Sei brav!" oder „Stehlen ist Unrecht". Etwas vereinfachend können wir diesen Sachverhalt folgendermaßen darstellen:

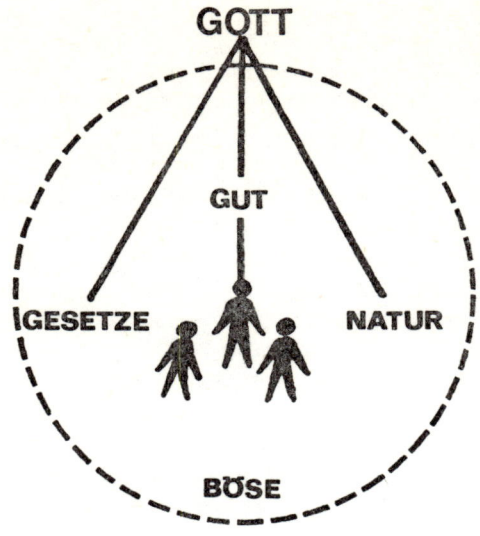

Mit dem Einsetzen des Humanismus begannen die Philosophen anders zu denken: Sie verwarfen den Gedanken an einen alles beherrschenden Schöpfer-Gott. Sie betrachteten die Welt als geschlossenes System, in dem der Mensch seine eigenen moralischen Gesetze aufstellte. Weil der unwandelbare Bezugspunkt verschwunden war, wurden die Normen relativ, d. h. sie richteten sich nach der jeweiligen menschlichen Meinung. „Gut" und „böse" waren nicht mehr absolute Maßstäbe, sondern sie paßten sich den jeweiligen sozialen Bedürfnissen und Auffassungen an. Der Mensch war jetzt seine eigene Autorität.

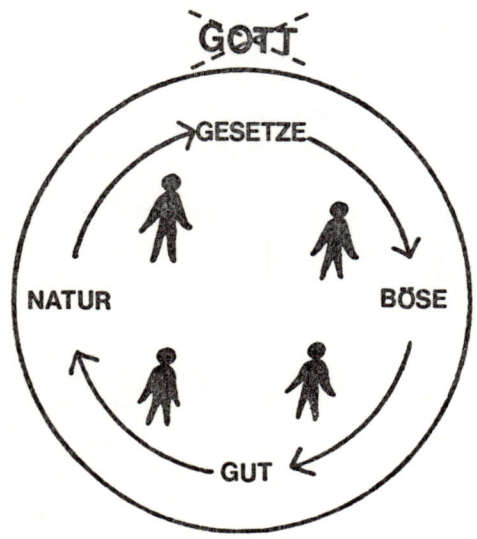

Das hat freilich allzuoft zu künstlichen und widersprüchlichen Normen geführt, die unbefriedigend sind. Unruhe und Protest sind heute die Folge davon. Viele junge Menschen wollen mit den Lebensformen der älteren Generation brechen. Ein geschlossenes System voller Ungereimtheiten erscheint ihnen unerträglich. Zwar wollen sie nichts von Gott hören, aber sie versuchen, jenseits der Grenzen ihrer Erfahrungswelt in eine neue Wirklichkeit in übernatürlichen Bereichen vorzustoßen. Auf dem Weg über Mystik, Drogen und Magie suchen viele nach irgendeiner echten Erfahrung, die sie aus dem Leerlauf ihres Lebens befreien soll.

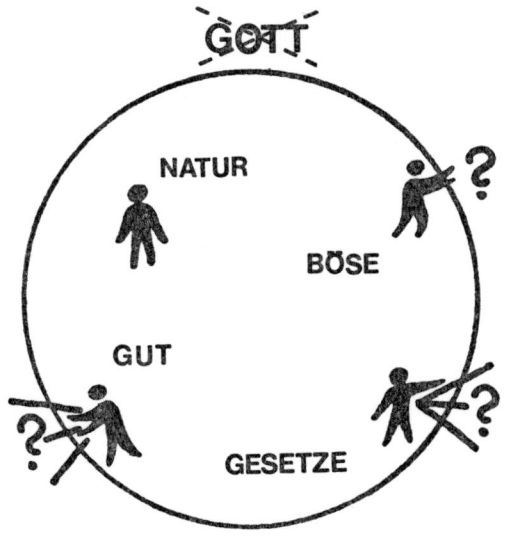

Wenn wir begreifen wollen, warum man sich in unserer heutigen Kultur in wachsendem Maße mit okkulten Dingen beschäftigt, dann müssen wir uns vor Augen führen, wie sich im Lauf der Zeit das Denken der Menschen über Gott und das Universum verändert hat. Es wäre falsch und irreführend, die Neigung zum Okkulten als zufällige Randerscheinung einzustufen. Nein, sie ist die logische Folge davon, daß man Gott beiseite geschoben hat. Dieser Trend wird sich vermutlich verstärken, statt abzunehmen, und wenn wir die jüngere Generation erreichen und verstehen wollen, dann müssen wir uns auch ernsthaft mit ihrem Denken und ihrer Kultur beschäftigen — sowohl auf intellektueller, als auch auf geistlicher Ebene.

Wir müssen Satans Wirken erkennen, müssen verstehen lernen, was die Bibel lehrt, und bezeugen, daß der Sieg Jesu Christi gewiß ist.

Aufgrund unserer gegenwärtigen Lage sind Bücher wie das vorliegende nicht überflüssig, sondern notwendig.

1. Wann Christen
nicht neutral sein können

Vielleicht finden Sie es entmutigend, daß Sie erst mehrere Kapitel lesen müssen, bevor Sie zum eigentlichen Thema dieses Buches, dem Okkulten, gelangen. Für diesen Aufbau gibt es allerdings einen triftigen Grund. Hier soll Ihnen keine Sammlung von Anekdoten oder Patentantworten geboten werden. Um das Thema sachgerecht zu behandeln, müssen wir den Hintergrund darstellen, vor dem die einzelnen Phänomene gedeutet werden können. Stellen Sie sich zum Beispiel folgendes vor: Sie erwachen eines Nachts und erblicken die Gestalt eines Freundes, der hunderte von Kilometern entfernt wohnt. Er scheint tropfnasse Kleider zu tragen. Er schaut Sie an, lächelt — und verschwindet. Tags darauf erfahren Sie, daß Ihr Freund — ungefähr zu der Zeit, da Sie ihn sahen — einen Unfall erlitten hat und ertrunken ist.

Demnach haben Sie seinen Geist gesehen, und Sie werden zweifellos von diesem Erlebnis als von einer Geistergeschichte sprechen. Wenn es aber mehr als eine „Geschichte" für Sie sein soll, sind Sie gezwungen, die Ereignisse vor einem breiten Hintergrund zu betrachten und eine ganze Anzahl von Fragen zu stellen. Zum Beispiel: Was ist das Wesen einer Vision, bei der ich mit meinen Augen etwas sehen kann, was materiell nicht da ist? Das allein wirft schon die ganze Frage der Halluzinationen und ihrer Ursachen auf. Wenn es der Geist meines Freundes war, wie verhielt es sich dann mit seinen Kleidern — waren es auch „geistige" Kleider? Wurde er wirklich in mein Zimmer versetzt, oder habe ich ihn aufgrund irgendeiner telepathischen Fähigkeit erblickt? Wenn ja, hat *er* die telepathische Erscheinung bewirkt oder ich? Wenn es wirklich mein Freund war, was bedeutet dann „wirklich"? Denn ich kannte ihn doch nur in seiner körperlichen Gestalt. Oder habe ich mir das Ganze nur in einer Art Wachtraum eingebildet? Dann aber taucht sogleich die neue Frage auf, ob es einen Beweis dafür gibt, daß jemand, der einen Freund in der Ferne hat, seine Angst um dessen Sicherheit in einem Alptraum ausdrücken kann? Wenn mein Freund schon tot war, als er mir erschien, sollte ich nun von mir aus versuchen, mittels einer spiritistischen Sitzung wieder mit ihm in Verbindung zu treten? Und wo ist er jetzt?

Bevor wir beginnen können, ernsthaft über derartige Fragen nachzudenken, brauchen wir einen zusammenhängenden und zuverlässigen Hintergrund, vor dem wir solche Ereignisse zu deuten versuchen können — Ereignisse, die sich nicht naturwissenschaftlich erklären lassen. Darum wollen wir diesen Hintergrund erschließen und zeigen, auf welche Weise ein Christ zu einem richtigen Urteil gelangen kann.

Es gibt im Leben eine Menge Dinge, die jeder benutzen oder genießen kann. Daneben gibt es manche Dinge — etwa Gehirnoperationen —, an die sich nur ein Spezialist heranwagen kann, der eine lange Ausbildung hinter sich hat. Und es gibt einzelne Dinge — Heroinspritzen gehören dazu —, die so unklug und gefährlich sind, daß sich überhaupt niemand damit abgeben sollte. In welche dieser Gruppen ist das Okkulte einzuordnen?

Wenn dieses Buch nur klären wollte, ob es für die Menschheit klug oder gefährlich sei, mit okkulten Dingen zu experimentieren, so bliebe nach Beantwortung dieser Frage wenig zu diskutieren übrig. Selbst ohne Gott anzuerkennen, sind vernünftige Menschen bestrebt, klug zu handeln und Dinge zu meiden, die dem einzelnen und der Gesellschaft schaden könnten. Wenn es also klug ist, sich in das Abenteuer okkulter Erlebnisse zu stürzen, können wir es alle nach Lust und Laune tun. Sollte es hingegen schädlich sein, dann sollten Christen wie Nichtchristen die Hände davon lassen. Ginge es nur um diese Frage, könnten wir rein experimentell vorgehen.

Für den Christen jedoch gibt es jenseits von „klug" und „gefährlich" weitere Kriterien, nämlich „Recht" und „Unrecht". Wo Humanisten diese Ausdrücke verwenden, bezeichnen sie damit das, was zweckmäßig oder unzweckmäßig ist. Für den Christen hingegen ist „Recht" und „Unrecht" ewige Wirklichkeit, weil ihr Bezugspunkt Gott ist. Der Christ behauptet, echte Menschlichkeit und echtes Christentum seien ein und dasselbe, und der Wille Gottes sei uns offenbart worden, um den Menschen ganz zum Menschen zu machen. Er ist ferner überzeugt, daß Gott in Jesus Christus und in der Bibel sich selbst offenbart und sein Verhältnis zum Menschen zeigt.

Wo die Bibel als Gottes Wort an den Menschen herangetragen wird, ist der Schleier über der unsichtbaren und ewigen Welt teilweise gelüftet. Denn Gott will uns in seinem Wort nicht nur moralische Gesetze übermitteln, sondern den Weg zur

Gemeinschaft mit ihm zeigen. Er macht uns klar, daß wir nicht die einzigen vernunftbegabten Bewohner des Universums sind, sondern daß es unsichtbare Wesen gibt, die für oder gegen ihn sind. Wenn wir die ganze Bibel systematisch lesen, stellen wir fest, daß die einzelnen Informationen ein zusammenhängendes und sinnvolles Ganzes ergeben.

Wenn ein Wissenschaftler auf dem Boden der Naturwissenschaften zu bestimmten naturwissenschaftlichen Ergebnissen kommt oder ein Philosoph aufgrund philosophischer Systeme bestimmte philosophische Aussagen machen kann, dann darf auch ein Christ bestimmte Schlüsse ziehen und sich dabei auf das stützen, was sein Buch über Gott, den Menschen und andere Wesen aussagt. Und wir dürfen überzeugt sein: Wenn Gott etwas in der Bibel offenbart, dann wird sich das als gedanklich und erfahrungsmäßig sinnvoll erweisen.

Wenn wir eine christliche Standortbestimmung versuchen wollen, sollten wir zuvor kurz das Christentum selbst definieren. Zweifellos haben die meisten Menschen bestimmte Vorstellungen von einem Christen; wer jedoch nur mangelhaft weiß, was alles zum christlichen Glauben gehört, könnte leicht einige der folgenden Punkte mißverstehen.

Man begegnet weithin der Auffassung, ein Christ sei ein Mensch, der sich bemüht, anständig zu leben — auf jeden Fall sei er nicht schlechter als andere Menschen. Dies ist ein Kompliment an den christlichen Glauben, wie er sich durch die Jahrhunderte bis zu unserer Zeit fortgesetzt hat. In alttestamentlichen Zeiten hatten die Propheten große Mühe, das Volk zu überzeugen, daß die Religion sich überhaupt um die Moral zu kümmern habe (z. B. Jesaja 1 und Jeremia 7). Auch heute sehen die Menschen im allgemeinen nicht ein, daß Moral etwas mit Religion zu tun haben muß.

Nun stimmen die Christen zwar zu, daß ihr praktisches Verhalten eng mit ihrem Glauben zusammenhängt. Aber das Christentum des Neuen Testaments, das in Christus selbst verwurzelt ist, schließt weit mehr in sich als bloße Moral. Die Geschichte der christlichen Urgemeinde zeigt, daß es gerade die Offenbarung Gottes in Christus war, die das Verhalten der Menschen moralischen Fragen gegenüber verändert hat.

Durch die Gottesoffenbarung im Neuen Testament nimmt das Christentum eine Sonderstellung unter allen Religionen der Welt ein. Sämtliche Religionsstifter hinterließen bestimmte Lehrgebäude, die ebenso gut von anderen Menschen hätten errichtet werden können. Jesus Christus aber stellte nicht nur Richtlinien für das Verhalten der Menschen untereinander auf; er trat selbst als in einzigartigem Sinne göttlich auf, und als Gott-Mensch tat er, was kein gewöhnlicher Mensch tun konnte. Indem er als Sündloser freiwillig den Tod am Kreuz starb, gab er sich selbst als Opfer hin. Auf diese Weise nahm er die Sünde weg, wie es ein bloßes Wort der Vergebung niemals hätte tun können. Dann stand er von den Toten auf, und zwar mit einem lebendigen und verwandelten Leib. Mit diesem Leib kehrte er zu seinem Vater zurück, um bald darauf seinen Geist auszugießen, der seiner Gemeinde seine siegreiche Kraft vermittelte.

Noch eins ist bedeutsam: Kein Gründer irgendeiner Religion war vorher erwartet worden, das Kommen Jesu Christi hingegen war vorher angekündigt. Das Alte Testament hatte das jüdische Volk auf seinen Messias vorbereitet. Wohl bestanden unterschiedliche Ansichten über die Art und Weise, in der sein Leben verlaufen würde. Aber die frühen Christen stellten fest, daß die verschiedenen prophetischen Fäden des Alten Testaments in Jesus Christus zusammenliefen, in dem Göttlichkeit und Menschlichkeit, Leiden und Herrlichkeit zugleich zu sehen waren.

Während der ersten vier Jahrhunderte bemühten sich die christlichen Denker, zusammenzutragen und zu ordnen, was die Bibel über Gott und Jesus Christus sagt. Sie stießen auf alle möglichen Theorien, die sich auf einzelne Textstellen stützten, einigten sich aber schließlich auf bestimmte Formeln, die alle diese Texte umschließen konnten. Diese Formeln waren keine bloßen Kompromißlösungen, sondern scharfsinnige Zusammenfassungen, die alle wesentlichen biblischen Aussagen berücksichtigten. Auf diese Weise gelangten die Kirchenväter zum Beispiel zu der Lehre von der Dreieinigkeit.

Diese Formeln wurden in den bekannten Glaubensbekenntnissen festgehalten, und diese Bekenntnisse wurden bis vor nicht allzu langer Zeit von allen Kirchen als zuverlässige Zusammenfassung der biblischen Lehre anerkannt. Erst in jüngerer Zeit hat eine veränderte Haltung der Bibel gegenüber auch zur Kritik an den Glaubensbekenntnissen geführt. In diesem Buch werden wir davon ausgehen, daß die Offenbarung des Neuen Testamentes, wie sie in den Glaubensbekenntnissen zusammengefaßt wurde, mit ihrer frohen Nachricht von Gottes Tat in Christus von lebenswichtiger Bedeutung und darum unaufgebbar ist. Wir können sie nicht nach Belieben glauben oder verwerfen. Denn beim Christentum geht es nicht um bloße Lehrfragen. Es geht darum, sich persönlich Jesus Christus als dem Retter anzuvertrauen und sich ihm als dem Herrn zu übergeben. Das muß — wie wir schon gesehen haben — Auswirkungen im praktischen Leben haben. Deshalb wird sich das sittliche Verhalten von Christen und moralisch hochstehenden Nichtchristen weitgehend gleichen, aber der Anspruch des Evangeliums, die Gesamtheit der geoffenbarten göttlichen Wahrheit zu sein und in Christus die Brücke zu Gott und folglich den Weg zum Guten aufzuzeigen, dieser Anspruch ist einmalig unter den Religionen.

Aus diesem Grund darf sich der Christ in kein System verstricken lassen, das der christlichen Offenbarung Gewalt antut. Er mag Argumente gegen ein solches System vorbringen und es zu verstehen suchen, aber er muß das von außen her tun, ohne selbst darin verwickelt zu sein.

Wenn also die Erfahrung zeigt, daß es ungewöhnliche Ereignisse gibt, die man als „okkult" bezeichnen kann, wird ein Christ nicht nur fragen, ob solche Ereignisse nützlich oder schädlich sind. Er wird vielmehr versuchen, sie im Licht der gesamten Offenbarung der Heiligen Schrift zu deuten.

Was sind das nun für Erfahrungen, die wir „okkult" nennen?

2. Sichtbares und Unsichtbares

„Okkult" ist ein Sammelbegriff, den wir erklären müssen. Ursprünglich bedeutete das Wort „verborgen" oder „unsichtbar". Aber im Lauf der Zeit hatte es offensichtlich eine viel umfassendere Bedeutung angenommen. Der buchstäbliche Sinn kann uns jedoch einige grundlegende Einsichten vermitteln. Als Menschen sind wir Teil einer sichtbaren Welt. Wie immer wir auch zur Evolution und ihrem Ausmaß stehen mögen, Tatsache ist, daß der Mensch viele seiner körperlichen Funktionen mit dem Tier gemeinsam hat. Diese Übereinstimmung ist so auffallend, daß manche Naturwissenschaftler und Psychologen der Meinung sind, der Mensch mit seinen Reaktionen könne nur vom Tier her verstanden werden.

Die Bibel verwendet den Ausdruck „lebendiges Wesen" sowohl für die nichtmenschliche, d. h. die Tierwelt (1. Mose 1, Vers 20.24), als auch für den Menschen (1. Mose 2, 7). (Diese Übereinstimmung im hebräischen Grundtext geht leider in vielen Bibelübersetzungen verloren. Deutlich ist sie jedoch in der Zürcher Bibel und der Übersetzung von Hermann Menge.) Es gibt also Millionen von verschiedenen „lebendigen Wesen". Wir müssen die gesamte Bibel heranziehen, um festzustellen, was die Besonderheit des Lebewesens Mensch ist.

1. Mose 1 macht deutlich, daß zuerst die Mineralien, dann die Pflanzen und anschließend die Lebewesen geschaffen wurden. Der Mensch hat Teil am Mineral- und Pflanzenreich, ist jedoch ein Lebewesen. Man kann nicht in dieser Welt leben, ohne irgendeine Art körperlicher Substanz zu besitzen. Deshalb hatte auch Jesus Christus einen materiellen Körper, um in dieser Welt leben zu können.

Soviel zum Sichtbaren. Die Bibel deutet jedoch an, daß der Mensch zwischen der sichtbaren und einer unsichtbaren Welt steht. Wenn er auch rein körperlich viele Merkmale mit dem Tier gemeinsam hat, gibt es doch zweifellos eine Kluft zwischen dem Menschen — ganz gleich, welcher Rasse er angehören mag — und allen übrigen Lebewesen. Er besitzt eine zusätzliche Qualität, die ihn von allen anderen Wesen unterscheidet. Der Unterschied läßt sich sowohl im genetischen, als auch im geistigen und kulturellen Bereich nachweisen. Allein der Mensch hat Ideen, Ideale und Religionen.

Nehmen wir einmal an, etwas von dieser zusätzlichen Qualität sei auch bei einer anderen Art von Wesen vorhanden. Die Bibel sagt, daß Gott den Menschen nach seinem Bilde geschaffen hat. Damit ist nicht die körperliche Gestalt gemeint, sondern im Zusammenhang von 1. Mose 1, 26—29 deuten diese Worte auf die Fähigkeit hin, die Welt zu ordnen und als Gottes Repräsentant in ihr zu herrschen. Dazu muß der Mensch Persönlichkeit und Selbstbewußtsein besitzen und imstande sein, seine rein animalischen Instinkte zu beherrschen und zu lenken. Ferner zeigt der weitere Bericht des 1. Buches Mose, daß Gott und der Mensch miteinander reden können. Der Mensch hat animalisches, physisches Leben, besitzt aber darüber hinaus geistliche Fähigkeiten.

Es ist schwierig, die Ausdrücke „Seele" und „Geist" konsequent zu trennen, denn die Bibel selbst gebraucht sie austauschbar. Wenn es z. B. heißt: „Der Mensch ward ein *lebendiges Wesen*", so kann das hier verwendete hebräische Wort für „Wesen", *nephesh*, ebenso gut mit „Seele" übersetzt werden. (Das entsprechende griechische Wort *psyche* hat denselben Doppelsinn.) Hier geht es uns im Augenblick um die Bedeutung „physisches Leben".

Ähnlich läßt sich das hebräische Wort *ruach* mit „Geist", „Wind" oder „(Lebens-)odem" übersetzen. Alle drei Übersetzungen sind z. B. in Hesekiel 37, 9.14 richtig. Odem (Atem) und Wind sind unsichtbare Kräfte; der Atem ist lebenerhaltend. Das unsichtbare Zentrum dessen, was wir „höheres Leben" nennen, wird auch „Geist" genannt, ein Ausdruck, der sowohl für den menschlichen Geist als auch für den körperlosen Heiligen Geist Gottes gebraucht wird. Das wird deutlich bei der Unterredung Jesu mit Nikodemus, wo wir das entsprechende griechische Wort *pneuma* finden: „Was vom Geist geboren ist, das ist Geist" (Johannes 3, 6). Vers 8 enthält ein bewußtes Wortspiel, das in unseren Bibelübersetzungen (z. B. in der Zürcher Bibel) durch die Fußnote deutlich wird, die erklärt, daß „Wind" und „Geist" im Grundtext ein und dasselbe Wort sind.

Wenn es nun Lebewesen gibt, die ausschließlich animalisch sind, wäre es nicht denkbar, daß es auch Lebewesen gibt, die rein geistig sind? Und wenn der Mensch, da er in der materiellen Welt lebt, an der einen Daseinsform teil hat — hat er auch teil an der anderen Daseinsform? Das Schwierige an der Sache ist, daß diese andersartigen Wesen, falls sie existieren, unsichtbar und mit materiellen Instrumenten nicht wahrnehmbar sind — genauso wie Gott und der Geist des Menschen. Wie können wir also etwas darüber erfahren? Wieder wollen wir uns an die Bibel wenden als die Quelle, wo wir — soweit es uns etwas angeht — einiges über die unsichtbare Welt erfahren können. Vielleicht möchten wir viel mehr wissen. Aber wir könnten es ebensowenig verstehen, wie die Libellenlarve das Leben in der freien Luft verstehen könnte, das sie eines Tages leben wird.

Die Bibel konfrontiert uns deutlich mit der Sphäre des Okkulten (Verborgenen, Unsichtbaren), denn sie berichtet in unmißverständlichen Worten, daß Gott ein Reich von körperlosen Geistern geschaffen hat. So etwas zu glauben, gilt heutzutage als ziemlich rückständig — teils, weil wir nicht gern an etwas glauben, was nicht naturwissenschaftlich bewiesen werden kann; teils, weil die Existenz solcher Wesen es nicht unbedingt leichter macht, natürliche Phänomene zu erklären; teils vielleicht auch, weil wir unseren geheimen Stolz haben und meinen: der Mensch ist der Größte.

Die Bibel sagt indessen, daß solche Wesen tatsächlich existieren und irgendwo zwischen Gott und Mensch einzuordnen sind. In Hiob 1, 6; 2, 1 und 38, 7 wird von ihnen als von „Söhnen Gottes" gesprochen, vermutlich in dem Sinn, daß sie alle unmittelbare Schöpfungen Gottes sind, die sich nicht wie irdische Lebewesen fortpflanzen (Matthäus 22, 30). Daneben werden sie „Engel" genannt, wobei sich dieser Ausdruck lediglich auf ihre Aufgaben bezieht: das hebräische wie das griechische Wort bedeutet „Boten". Andere unsichtbare Wesen werden als „Geister" bezeichnet, manche als „böse Geister". Diese letzte Gruppe wird auch „Dämonen" genannt, ein Lehnwort, das auf das griechische *daimonia* zurückgeht. Luther hat hier oft mit „Teufel" (Mehrzahl) übersetzt, aber im Griechischen wird das Wort „Teufel" *(diabolos)* nur in der Einzahl gebraucht, und es bezieht sich stets auf den obersten geistlichen Rebellen, Satan.

Die Bibel spricht ferner davon, daß unter den geistigen Wesen eine bestimmte Rangordnung herrscht. In Visionen der Gottesherrlichkeit stehen an seinem Thron Cherubim und Seraphim (Jesaja 6, 2; Hesekiel 10) und Engel (Offenbarung 4 und 5); ferner wird der Erzengel Michael genannt (Judas 9). Außerdem erwähnt die Bibel „Gewalten und Mächte". In Titus 3, 1 bezieht sich dieser Ausdruck auf menschliche Herrscher, an anderer Stelle aber auf geistige Herrscher, sowohl gute (Kolosser 1, 16) als auch rebellische (Epheser 6, 12; Kolosser 2, 15).

Engel sind nicht die Geister von Verstorbenen, wie die Spiritualisten behaupten. Sie existierten schon vor der Erschaffung des Menschen (Hiob 38, 4—7). Die Geretteten werden im Himmel nicht zu Engeln, sie sind „wie Engel", da sie geschlechtslose Wesen sind (Matthäus 22, 30). Gott setzt Engel als seine Boten ein, wie er auch Menschen mit dieser Aufgabe betraut. Die Engel dienen denen, die gerettet werden (Hebräer 1, 14; Apostelgeschichte 12, 7). Sie vertreten Kinder im Himmel (Matthäus 18, 10). Sie bilden den himmlischen Hofstaat (Offenbarung 5, 11). Bei all ihren Aufgaben sind sie nichts weiter als die treuen Diener Gottes, ihm allein verantwortlich. Man darf sie weder anbeten noch sich an sie wenden, als wären sie Stellvertreter Gottes (Kolosser 2, 18—23; Offenbarung 22, 8.9). Im Himmel sind sie einzig auf Gott ausgerichtet (Offenbarung 5, 11). Manche Okkultisten behaupten, sie bedienten sich der Engel und könnten außerdem mit anderen Wesen im genannten Bereich zwischen Gott und Mensch in Fühlung treten. So sprechen sie etwa von Devas, die in verschiedenen Bereichen der Natur wirken — wie Elfen, Feen und Undinen (Wassergeister). Wenn es solche Geister gibt, gehören sie in die Kategorie der „Elemente der Welt" (Kolosser 2, 20; Galater 4, 3.9). Als Christen werden wir davor gewarnt, das Interesse an ihnen zu nähren. Wir sollen vielmehr die Gemeinschaft mit dem Herrn des Universums suchen (Epheser 1, 20—23). Warum sollten wir uns mit untergeordneten geistlichen Mächten abgeben, wenn wir zum Herrn über alles gehen dürfen? (Siehe Epheser 3, 17—21; Kolosser 2, 9.10.19).

3. Gute und böse Geister

Bei dem Thema, das wir hier behandeln, ist es wesentlich zu wissen, ob es gute und böse Geister gibt. Denn zum Okkultismus gehört doch offenbar der Kontakt mit der Welt der Geister, und wir müssen wissen, mit was für Geistern man in Berührung kommt. Zudem werden wir als Christen aufgefordert, alle Geister zu prüfen (1. Korinther 12, 3; 1. Johannes 4, 1—3), und wir werden davor gewarnt, uns durch böse Geister, die sich als gut ausgeben, täuschen zu lassen (1. Timotheus 4, 1; 2. Korinther 11, 3.4.14.15; Offenbarung 12, 9). Wenn also okkulte Ereignisse der Welt der Geister entspringen, müssen wir eindeutig festzustellen suchen, ob sie von einer guten oder schlechten Quelle gespeist werden. Und da es für solche Tests keine physikalischen Instrumente gibt, sind wir auf die Aussagen der Bibel angewiesen und auf das, was wir mit unserem von Gott geschenkten gesunden Menschenverstand daraus ableiten können.

Was sagt nun die Bibel über gute und böse Geister? Dazu müssen wir zunächst einmal definieren, was gut und böse ist. Der Inbegriff von gut und böse ist in der Bibel die Gemeinschaft oder die mangelnde Gemeinschaft mit Gott. Solange wir uns das nicht klar gemacht haben, bringt uns die Frage in Verlegenheit, wie ein guter Gott böse Wesen erschaffen konnte. Das Böse wird zwar immer ein Geheimnis bleiben, aber im wesentlichen ist es unser Neinsagen zu Gott.

Ein Tier kann dieses Nein nicht sprechen. Es lebt normalerweise innerhalb des Kreises seiner Instinkte, oder, anders gesagt: es wird von seinen Trieben gelenkt, die von seinen körperlichen Bedürfnissen ausgelöst werden. Das Tier gleicht in gewisser Hinsicht einem beweglichen Computer. Rein körperlich auch der Mensch, aber im allgemeinen sehen wir ihn doch in einem etwas anderen Licht. Wir behandeln uns und unsere Mitmenschen lieber als Wesen, die die Fähigkeit besitzen, über die Dinge nachzudenken, abstrakte Gedanken zu entwickeln und frei zu entscheiden; Wesen, die den Drang ihrer körperlichen Bedürfnisse oder die Auswirkungen von Vererbung und Umwelt beherrschen können. Kurz, wir haben alle Merkmale des freien Willens.

Gott schuf das statische Mineralreich, das wachstümliche Pflanzenreich und das bewegliche Tierreich — jedes innerhalb seiner eigenen Grenzen. Alle diese Grenzen schließen aber nicht die Möglichkeit ein, aufgrund einer freien Entscheidung auf Gottes Angebot der Gemeinschaft mit ihm zu antworten. Darum schuf Gott menschliche Wesen, die bewußt und freiwillig ja und nein sagen konnten. Ein Tier fühlt sich wohl, wenn es seinen Trieben folgen kann. Ein Mensch lebt in innerer Harmonie, wenn er ja zu Gott sagt und seine Triebe beherrscht, indem er sie Gottes Führung unterstellt.

Die Geschichte des Sündenfalls in 1. Mose 3 ist die Geschichte eines Wesens, das einst in harmonischer und bewußter Freundschaft mit Gott lebte, das aber aus dieser Gemeinschaft ausbrach, um selbst über Recht und Unrecht zu entscheiden. Mit anderen Worten: der Mensch wurde ego-zentrisch statt gott-zentrisch. Gott hätte das verhindern können, indem er den freien Willen des Menschen mißachtet und ihn wie eine Marionette behandelt hätte. Dadurch wäre der Mensch auf die Stufe eines Tieres herabgewürdigt worden; Gott aber wollte ein Wesen haben, das ihn bewußt und aus freien Stücken liebte. So besteht die Ursünde des Menschen im Nein zu Gott. Doch von dem Augenblick an, da er sich von Gott als dem Kontrollzentrum löste und selbst das Steuer in die Hand nahm, entwickelte sich das ganze Wesen des Menschen zum Negativen hin. Er glich einer Maschine, deren Steuerzentrum ausgefallen, die aber noch an ihre Kraftquelle angeschlossen ist. Die fehlende Verbindung mit dem Kontrollzentrum führt dann zum Defekt oder gar zur Zerstörung. Genauso schuf Gott nicht das Böse, wohl aber freie Geschöpfe, die die wirkliche Freiheit besaßen, ja oder nein zu ihm zu sagen. Weil sie sich für das Nein entschieden, verloren sie ihre innere Ganzheit, und das führte dahin, daß sie aktiv böse wurden.

Unsere Erfahrung bestätigt das, was die Bibel über den Menschen sagt. In der Geschichte vom Garten Eden wird beschrieben, wie der erste Mann und seine Frau eine falsche Entscheidung trafen. Hier wird deutlich: „gut" heißt ja zu Gott sagen und damit auf Gott ausgerichtet sein — „böse" heißt nein sagen und selbst die Herrschaft übernehmen. Wenn manche Humanisten meinen, es sei erniedrigend für die menschliche Natur, von Gott abhängig zu sein, dann mißverstehen sie den wahren Sachverhalt. Gott will uns ja nicht als Marionetten, sondern als Freunde haben. Trotz unseres begrenzten Horizontes dürfen wir den Allwissenden kennenlernen, der mit uns durch alle Stürme des Lebens gehen will.

Soviel zu diesem Problem, soweit es den Menschen betrifft. Die Bibel dringt jedoch hinter die Kulissen und zeigt uns, daß das Böse schon existierte, ehe der Mensch geschaffen wurde. Die Schlange war nur die Erscheinungsform eines Geisteswesens, das schon schlecht war (Offenbarung 12, 9). Für dieses Wesen gilt derselbe Grundsatz, den wir beim Fall des Menschen erkannten. Wir können also sagen, daß dieses geistige Wesen, das wir Satan nennen, nicht böse geschaffen wurde oder ein ewiger Gott des Bösen war, sondern daß es — wie der Mensch — nein zu Gott sagte. So führte auch hier die negative Antwort Gott gegenüber zum andauernden Bösen.

Wir werden uns im folgenden Kapitel noch eingehender damit befassen. An dieser Stelle aber können wir schon festhalten, daß es in der Welt der Geister gut und böse gibt. Alle Menschen, die geboren werden, leiden von vornherein an einem Defekt — wir nennen das auch „Erbsünde". Die geistigen Wesen hingegen sind geschlechtslos und pflanzen sich darum nicht fort (Matthäus 22, 30); folglich erben sie diesen Defekt nicht, sondern jedes von ihnen ist selbst für sein Ja oder Nein Gott gegenüber verantwortlich. Als freie Wesen können sie die Herrlichkeit der Schöpfung Gottes erkennen (Hiob 38, 7; Jesaja 6, 3) und ihren Platz darin ausfüllen (Hebräer 1, 7). Doch offenbar haben einige nein gesagt, und wir haben keinen Anhaltspunkt dafür, daß je einmal solch ein Wesen wieder zu Gott zurückgekehrt wäre.

4. Satan und seine Werke

Wir haben gesehen, daß die Menschen Glieder einer sichtbaren und unsichtbaren Schöpfung sind. Ferner hat Gott uns in der Heiligen Schrift gezeigt, daß es körperlose, normalerweise unsichtbare Wesen gibt — die einen gut, die anderen böse —, persönliche Wesen, die Teil derselben Schöpfung sind wie wir. Wenn wir sie als persönliche Wesen bezeichnen, meinen wir das nicht nur bildhaft. Wir wissen, daß manche geistlichen Wahrheiten uns nur mit Hilfe von geeigneten Bildern vermittelt werden können, denn aufgrund unseres begrenzten Verstandes können wir nicht alles unmittelbar begreifen. So sagt Paulus: „Wir sehen jetzt mittels eines Spiegels in rätselhafter Gestalt" (1. Korinther 13, 12). Aber die verwendeten Bilder müssen so beschaffen sein, daß sie unsere Gedanken in die rechte Richtung weisen. Sie sollen helfen, nicht irreführen. Wenn wir also wissen müssen, was sich hinter den Kulissen unserer sichtbaren Wirklichkeit abspielt, zeigt Gott uns bestimmt soviel, wie nötig ist. Wenn darum Jesus Christus, der die unsichtbare Welt wirklich kennt, stets von Satan als von einer Person spricht, und wenn er Dämonen als Personen zurechtweist, können wir ihm wohl kaum die Lehre unterstellen, diese Namen repräsentierten lediglich eine unpersönliche böse Macht. Jesus Christus, und mit ihm die ganze Bibel, spricht vom Teufel als Person, Satan (der Gegner) genannt. Neben dieser Person, die immer in der Einzahl steht, ist außerdem von zahlreichen Dämonen die Rede.

Ist Satan also irgendwie das böse Gegenstück des im absoluten Sinne guten Gottes? So stellt man ihn sich zuweilen vor, aber die biblische Darstellung weicht von dieser volkstümlichen Ansicht ab. Satan ist nicht ein ewiger finsterer Gegenpol zur ewigen Macht des Lichts. Er ist ein erschaffenes Wesen und erscheint in der Bibel als der Hauptrebell gegen Gott. Gott erklärt nachdrücklich, daß er selbst der einzig Absolute ist. „Ich bin der Erste und der Letzte, und außer mir ist kein Gott" (Jesaja 54, 6). Satan ist also nicht ein absoluter Gott des Bösen, wenn er sich auch die Stellung eines Gottes anmaßen mag. Er ist kein Antigott, sondern Geschöpf Gottes.

Die Bibel bestreitet nirgends, daß wir andere Wesen oder Dinge als Götter verehren können. Im 2. Gebot heißt es deutlich: „Du sollst keine anderen Götter neben mir haben"

(2. Mose 20, 3). Was wir zum Gegenstand unserer Verehrung machen, wird *für uns* zum Gott — in diesem Sinne bestätigt die Bibel die Existenz „anderer Götter". Aber diesen „Göttern" spricht sie ja gerade das Recht ab, Gegenstände der Anbetung und damit Gott gleichgestellt zu sein. Es stimmt auch nicht, daß die Bibel die Frage, ob es einen Gott oder mehrere Götter gibt, unterschiedlich beantwortet und verschiedene Schreiber zu verschiedenen Zeiten unterschiedliche Ansichten vertreten haben. Beachten wir ferner, daß Jesus Christus selbst uns davor gewarnt hat, unsere Gefolgschaft zwischen Gott und Mammon aufzuteilen. Damit zeigt er uns, daß es möglich ist, theologisch zwar an *einem* Gott festzuhalten, in der Praxis aber vielen Göttern zu folgen (Matthäus 6, 24).

Fassen wir zusammen: Satan ist eine Person, er ist kein absoluter Gott, und er ist böse. Da der gute Gott kein böses Wesen geschaffen haben wird, muß Satan gefallen sein, wie die Menschheit gefallen ist. Obschon wir in der Bibel keine klare Beschreibung seines ursprünglichen Abfalles von Gott haben, finden wir Anspielungen darauf in Jesaja 14, 12—20 und Hesekiel 28, 11—19. Dort werden zwei stolze Könige in einer Weise beschrieben, wie man ihren Herrn beschreiben könnte, der einst versucht hatte, unrechtmäßig Gottes Thron zu besetzen. Satan wurde also nicht als böses Wesen geschaffen, sondern ist ein gefallener Rebell, der nun alles daransetzt, das Gute stets zu Fall zu bringen. Deshalb stachelte er die Menschen an, ebenfalls von Gott abzufallen, und als sie es taten, stellten sie sich damit — ob sie es merkten oder nicht — auf seine Seite. Dennoch ist er nicht für jede menschliche Sünde verantwortlich zu machen. Würde er in diesem Augenblick samt all seinen bösen Verbündeten in der Welt der Geister ausgerottet, so würden die Menschen dennoch weiterhin sündigen, denn auch sie selbst sind Rebellen und haben einen inneren Defekt. Die Christen sprechen zu Recht von drei Quellen der Versuchung und nicht nur einer: der Welt, dem Fleisch und dem Teufel.

Nach Aussage der Heiligen Schrift ist es Satans höchstes Ziel, ein Weltsystem aufzubauen, aus dem Gott ausgeschlossen ist. Es gibt keinen Grund anzunehmen, er habe gelogen, als er Jesus gegenüber behauptete, alle Macht und Herrlichkeit der Erde gehörten ihm, und er könne sie geben, wem er wolle (Lukas 4, 6). Aber Jesus lehnte das Angebot ab — es hätte Macht ohne Erlösung bedeutet — und wählte den Weg zum Tod am Kreuz. Dort sollte der „Herrscher dieser Welt" (Johannes 12,

31.32) entthront werden, der Fürst, der trotz aller Anstrengung keine Macht über Jesus Christus gewinnen konnte (Johannes 14, 30). Am Kreuz entwaffnete Jesus Satan und seine Verbündeten, indem er die Sünden auf sich nahm, die ihnen Gewalt über die Menschheit gegeben hatten (Kolosser 2, 14.15). Allerdings hat Satan noch immer Macht, die Menschen blind zu machen für den Sieg, der sie befreien kann. Am deutlichsten wird das in 2. Korinther 4, 4 ausgesagt: „Die, die dem Evangelium nicht glauben, sind vom Satan, der diese Welt beherrscht, mit Blindheit geschlagen, so daß sie den hellen Glanz der guten Nachricht nicht sehen können. Dieser Glanz enthüllt die Herrlichkeit Christi, und in Christus wird Gott selbst sichtbar" (Die Gute Nachricht). Und in 1. Johannes 5, 19 heißt es: „Wir wissen, daß wir von Gott stammen und die ganze Welt in der Gewalt des Bösen liegt."

Für diese Welt hat Satan die Stellung eines Ersatzgottes eingenommen. In der Bibel bedeutet „Welt" im Grunde Materialismus: ein Lebenssystem ohne Gott, ausgehend von der Annahme, daß die Wirklichkeit, die durch Geburt und Tod begrenzt wird, die einzige Wirklichkeit ist. Darum leben wir so, daß wir ein Maximum aus diesem Leben herausholen können, und sammeln uns Schätze auf Erden. Die „Welt" ist also nicht dasselbe wie die „Erde", die in all ihrer reichen Vielfalt „des Herrn ist" (Psalm 24, 1). Die Bibel behauptet nicht, die Menschen folgten bewußt Satan als ihrem Gott. Ihm geht es ja in erster Linie darum, um jeden Preis zu verhindern, daß sie sich auf dem Weg über das Kreuz zum einzig wahren Gott hinwenden. Darum wirft er einen verdunkelnden Schleier über den Verstand des Menschen (2. Korinther 4, 4) und läßt oft das Schlechte gut erscheinen (2. Korinther 11, 14; 1. Mose 3, 5).

Wenn wir uns einmal klargemacht haben, daß Satan der Erzrebell ist, der jede erdenkliche Waffe gegen Gott einsetzt, wird es uns leichter fallen, seinen Einfluß im Bereich des Okkulten zu erkennen. Solange wir meinen, er versuche uns nur durch unser Fleisch, d. h. durch äußere Einflüsse oder Gedanken, werden wir oft gar nicht merken, wie listig er vorgeht. Sicherlich bedient sich Satan der Welt und des Fleisches, wenn es ihm klug erscheint, aber er wendet darüber hinaus eine Menge anderer Taktiken an.

Wenn wir uns eingehend damit beschäftigen, wie die Bibel Satan darstellt, dann erscheint er immer deutlicher als pervertierter Erzhumanist. Humanisten sind oft bewundernswerte

Leute. Sie wollen diese Welt zu einem menschenwürdigeren Ort umgestalten und setzen sich dafür ein, daß sich die Menschen als einzelne und als Glieder der Gesellschaft frei entfalten können. Verhängnisvoll ist nur die Voraussetzung, von der sie dabei ausgehen: daß dies alles ohne Gott geschehen muß. So hindern sie uns daran, wahrhaft menschlich zu werden, denn sie schalten alles aus, was Jesus Christus uns von Gott gesagt hat. Satan nimmt diese Ideale auf und verkehrt sie in ihr Gegenteil. Der Mensch soll Freiheit mit Egoismus verwechseln. Er soll nur zu Satans Bedingungen in dieser Welt leben. Und seine Bedingungen stimmen in diesem Punkt mit den Grundlagen des Humanismus überein: der Mensch soll ohne Gott leben, soll sein eigener Mittelpunkt sein. Doch die menschliche Natur ist gefallen. Wenn nun einmal die Menschheit nur noch auf sich selbst ausgerichtet ist, dann entwickelt sich daraus sehr leicht der Egoismus und die Selbstsucht des einzelnen. Das kann sich in vielen, zuweilen überraschenden Formen ausdrücken: vom erhabensten philosophischen Denken und übersteigerten Schönheitsbedürfnis bis hin zum rücksichtslosen Streben nach materiellem Besitz und allen möglichen Lastern.

In den meisten Stellen, in denen die Bibel vom Satan spricht, greift er die Menschen an, die sich zu Gott halten und seine Botschaft kennen. Er versucht, Hiob zu vernichten. Er bemüht sich verzweifelt, Jesus Christus von seinem Weg zum Kreuz abzuhalten: Zuerst wiegelt er Herodes auf, ihn schon als Baby zu töten, später versucht er Jesus selbst in der Wüste und will ihn verführen, auf bequeme Weise eine große Anhängerschaft zu gewinnen und sich sogar mit ihm in die Herrschaft der Welt zu teilen. Dann macht er sich die Gefühle des Petrus für seinen Herrn zunutze, um womöglich Jesu Sinn vom Kreuz abzulenken (Matthäus 16, 21—23). Und als das Kreuz näherrückt, versucht er, sämtliche Jünger von ihm abzuwenden, damit keiner mehr übrigbleibe, um das Evangelium zu predigen (Lukas 22, 31 — beachte die Mehrzahl „euch").

Satan hat nichts gegen die erhabene Weisheit der Griechen einzuwenden, verwirft sie doch das Kreuz und die Auferstehung (1. Korinther 1, 18—25; Apostelgeschichte 17, 32). Vor dem Kreuz fürchtet sich Satan. Und das ist nicht verwunderlich, denn am Kreuz, so stellten wir schon fest, hat Jesus die Macht Satans gebrochen. Der Sieg des Kreuzes ist ein doppelter Sieg. Indem Jesus Christus die Sünden der Menschheit trug, öffnete er ihr die Tür, um dem bösen, gottlosen Reich Satans zu entfliehen (vgl. Kolosser 1, 13—20). Gleichzeitig trat Christus an die Spitze der Menschheit, die von Gott den Auftrag erhalten hatte, die Erde zu beherrschen und zu pflegen (1. Mose 1, 26 bis 28) und dabei so schmählich versagt hatte. Jesus Christus war der erste Mensch, der als vollkommener Knecht seines Vaters gelebt hat. Freiwillig starb er wie ein Sünder, seine Auferstehung jedoch verwandelte seinen Tod in den höchsten Triumph (in Philipper 2, 5—11 wird das großartig zusammengefaßt). So nahm er Satan, dem Thronräuber, das Herrschaftsrecht. Alle, die Christus angehören, besitzen nun die Kraft seines Sieges für ihr Leben, und der Heilige Geist in ihnen ist das lebendige Bindeglied zwischen ihnen und Christus. Aber Gott hat den Satan noch nicht vernichtet, und dieser führt seinen Kampf weiter, vielleicht in der Hoffnung, doch noch eine Möglichkeit zu finden, Gott zu überlisten.

Vielleicht hofft er ans Ziel zu gelangen, indem er viele Christen tötet und die übrigen in Panik versetzt, so daß sie ihren Glauben verleugnen. Das Neue Testament entlarvt ihn denn auch als den, der immer wieder Verfolgungen auslöst. Er gleicht einem Löwen, der nach Beute brüllt (1. Petrus 5, 8—10). Er oder seine Stellvertreter versuchen, unter Todesdrohung götzendienerische Unterwerfung zu erzwingen (Offenbarung 13, 11 bis 18). Doch Gott hat nie zugelassen, daß er je eine ganze Generation von Christen ausrotten durfte. Im Gegenteil, „das Blut der Märtyrer ist der Same der Kirche", wie einmal ein Kirchenvater gesagt hat.

Wir müssen jedoch die Warnungen Jesu und der neutestamentlichen Schreiber beachten, daß Satan eine weitere Angriffstaktik verwendet: er überredet die Gemeinde, von den Grundlagen ihres Glaubens abzuweichen. Jesus Christus warnte vor falschen Messiassen und Propheten, die den Glauben der Gemeinde gefährden würden (Matthäus 24, 23.24). Wenn Satan auch hier nicht namentlich genannt wird, geht doch klar aus den neutestamentlichen Briefen hervor, daß letztlich er es ist, der hinter allen attraktiven antichristlichen Ideen steckt. Und seine Werkzeuge geben sich als Diener der Gerechtigkeit aus (2. Korinther 11, 13—15). Ja, er kann ihnen den Anschein erleuchteter Propheten geben (1. Johannes 4, 1—6). Er stellt den Christen Fallen und tarnt sie so geschickt, daß man sie oft erst bemerkt, wenn sie zugeschnappt sind (1. Timotheus 3, 7; 2. Timotheus 2, 26). Seine Angriffe sind „listige Anläufe", und zur List gehört normalerweise die Täuschung (Epheser 6, 11 — dasselbe

Wort kommt schon in Kapitel 4, 14 vor). Das Buch der Offenbarung will die Methoden Satans entlarven, denn er verführt die ganze Welt (Kapitel 12, 9), und das Buch warnt uns wiederholt davor, in Verfolgung nachzugeben oder falsche Lehren anzunehmen (z. B. in den Sendschreiben an die Gemeinden in Kapitel 2 und 3).

All das ist für unser Thema von größter Bedeutung. Der sogenannte Satanskult ist zweifellos so unmoralisch, daß sich damit wohl kaum ein Christ einlassen wird. Wenn wir aber von der Tatsache ausgehen, daß Satan in erster Linie bemüht ist, uns Alternativen zum Evangelium schmackhaft zu machen, dann müssen wir damit rechnen, daß er uns solche Alternativen in Gestalt einleuchtender psychischer und geistlicher Erfahrungen anbieten wird. Wieder andere Alternativen hält er für den bereit, der die Vernunft des Menschen vergöttert; das schließt allerdings nicht aus, daß Versuchungen auf der einen Ebene solche auf der anderen unterstützen und vorantreiben sollen.

Die Bibel deckt die gegen Gott gerichteten und wohl aufeinander abgestimmten Pläne auf, die im Reich der Geister hinter den Kulissen der Weltgeschichte geschmiedet werden. Aus allein ihm bekannten Gründen läßt Gott die gefallenen Geister weiter existieren, wie er ja auch den gefallenen Menschen nicht ausgelöscht hat. Doch wo immer Gottes Werk der Gnade und Erlösung sichtbar wird, da versuchen diese Intriganten, es zu zerstören. Dank ihrer reichen Erfahrung und ihres dem Menschen weit überlegenen sicheren Gespürs für günstige Situationen sind sie stärker als der Mensch. Sie können nur da überwunden werden, wo ein Christ die geistliche und moralische Waffenrüstung Gottes anlegt (Epheser 6, 10—18) und sich auf den Namen und Sieg Jesu Christi beruft (Apostelgeschichte 16, 18; Epheser 1, 19—23) in dem Bewußtsein, daß er schon hier und jetzt an der Herrschaft Christi teil hat (Epheser 2, 6).

5. Der Mensch als körperliches und geistiges Wesen

Unsichtbare (okkulte) Wesen existieren also, und viele von ihnen sind im Universum, zu dem ja auch wir gehören, als böse Macht am Werk. Gott, den sie als ihren Feind betrachten, geht es in erster Linie darum, Menschen zu einer vollkommenen Gemeinschaft mit sich selbst zu bringen. Deshalb werden sich diese unsichtbaren bösen Mächte, wo immer möglich, direkt oder indirekt in sein Werk einmischen, und wir müssen darauf gefaßt sein, daß sie die Menschen je nach Bedarf angreifen oder für ihre Ziele einspannen.

Ohne Zweifel sind wir anders geartet als sie, wie wir auch anders geartet sind als Fliegen oder Löwen. Mit ihnen haben wir zwar gemeinsam, daß wir alle über einen materiellen, sichtbaren Körper verfügen. Wieviel Gemeinsamkeiten aber mag es zwischen uns als körperhaften Geschöpfen und jenen geistigen Wesen geben, die keinen Körper besitzen? Wir werden in diesem Kapitel das Körperliche vom Geistigen unterscheiden, um dann in den nächsten tiefer in die nicht materiellen Bereiche einzudringen, die eine Ähnlichkeit mit der Geisterwelt haben.

Die letzten hundert Jahre mit ihrer ungeheuren technischen Entwicklung und der Erfindung immer feinerer Instrumente haben uns ein völlig neues Bild des menschlichen Körpers und seiner Gehirnfunktion vermittelt. Man wagt es kaum, einige dieser verblüffenden Entdeckungen auch nur zu nennen — dieses Buch könnte dadurch in wenigen Jahren bereits überholt sein. Jedenfalls glauben manche Wissenschaftler, es sei möglich, die Persönlichkeit und Verhaltensweise des Menschen zu beschreiben, ohne über das Körperliche hinauszugehen. Immer häufiger wird der Mensch als eine Art Super-Computer geschildert, der durch eine wohl dosierte Menge von Pillen und Medikamenten und eine automatische Steuerung in Gang gehalten wird. Als Christen brauchen wir dieses Menschenbild nicht in Bausch und Bogen zu verwerfen. Es trifft auf einen wichtigen Teilaspekt des menschlichen Daseins zu, aber es enthält nicht die ganze Wahrheit.

Im 2. Kapitel haben wir festgestellt, daß der Mensch sowohl an der geistigen als auch an der animalischen Welt teilhat. Sein Körper ist animalisch und mineralisch und für seinen Fortbestand völlig vom Pflanzenreich abhängig. Seine Existenz hängt von einer Anzahl grundlegender Bedingungen ab. Ein solches Wesen muß weitgehend automatisch von einem Rückkoppelungssystem gesteuert werden, wie wir es bei modernen Computern finden. So wird z. B. ein tiefer Schnitt automatisch eine ganze Kette von Ereignissen auslösen, damit der Körper möglichst wenig leidet und die Blutung aufhört. Jede Abweichung vom „Normalzustand" ruft im Körper gewisse Reaktionen hervor, die der Abwehr, der Anpassung oder der Heilung dienen. Ähnliche Vorgänge können im Tierreich beobachtet und auf das Steuersystem von Maschinen übertragen werden.*)

Mit der Behauptung, der Mensch sei Körper, widersprechen wir keineswegs der Bibel. Wir würden erst dann in einen Widerspruch geraten, wenn wir sagten, er sei *nur* Körper. Ganz gewiß behandelt die Bibel den Menschen als Körper — im Neuen Testament kommt das Wort 145mal vor. „Geist" im Sinne von „menschlicher Geist" kommt etwa 40mal vor, wobei an einigen Stellen unsicher ist, ob sich der Ausdruck nicht auf den Heiligen Geist bezieht, der im Christen wohnt. Den Begriff „Seele" treffen wir etwa 50mal an, und er bezeichnet etwas Innerliches, Konstantes, das der Mensch zusätzlich zu seiner Körperlichkeit besitzt; manchmal wird „Seele" auch in der Bedeutung von „Individuum" oder „Lebewesen" gebraucht.

Wie auch die genauen Zahlen aussehen mögen, eins dürfte klar sein: der Körper ist nach Aussage der Bibel weder der Feind des Menschen, noch der ganze Mensch. Er soll vielmehr zu einem Tempel des Heiligen Geistes werden, in dem wir Gott ehren sollen (1. Korinther 6, 20). Das haben die Christen zuweilen nicht deutlich genug gesehen. Unser Körper ist ein wesentlicher Bestandteil von uns, und normalerweise können wir seine Bedürfnisse wie Nahrung, Ruhe oder Bewegung nicht ungestraft außer acht lassen.

Ferner entdecken wir drei grundlegende Triebe in uns, die auch in allen übrigen Lebewesen zu finden sind und das Fortbestehen der einzelnen Gattungen gewährleisten. Es sind der Sexualtrieb zur Erhaltung der Art; der Selbsterhaltungstrieb zur Erhaltung des einzelnen, solange dies nötig ist; und der Herdentrieb zur Erhaltung der Gesellschaft. Der Herdentrieb

---

*) *Wer sich ausführlicher mit diesem Thema beschäftigen möchte, sei verwiesen auf Günter Ewald, Der Mensch als Geschöpf und kybernetische Maschine, R. Brockhaus Verlag Wuppertal 1971.*

ist allen Tieren eigen, die das Leben in Gesellschaft brauchen. Alle diese Triebe können als rein körperliche Funktionen gedeutet werden.

Bei alledem wissen wir aber, daß wir nicht bloß Tiere sind. Der Psychologe David Katz hat das sehr treffend ausgedrückt: „In der Kindheit steht der Mensch am stärksten unter dem Einfluß der Instinkte. Im späteren Leben wird sein Verhalten soviel mehr von äußeren Kräften beeinflußt, daß die instinktmäßige Veranlagung kaum mehr erkennbar ist. Im Gegensatz zu den Tieren verbringt er sein Leben nicht innerhalb der Geborgenheit seiner Instinkte. Es steht in seiner Macht, sein Leben selbst zu gestalten."

Freilich scheinen manche unserer Zeitgenossen diese Behauptung durch ihr Verhalten Lügen zu strafen. Die „neue Moral" bedeutet oft nichts weiter als einen Abstieg ins rein Animalische: körperliche Triebe werden, kaum empfunden, ungehemmt zur Tat.

Sexualität, losgelöst von den „Fesseln der Ehe"; Rauschgifte und Alkohol, die das Ich aufputschen, ehe sie es zerstören; egoistische Gruppenbildung auf Kosten der Gesamtgesellschaft — all das erscheint als logische Folge der Auffassung, daß der Mensch lediglich eine Maschine ist, die automatisch auf innere und äußere Einflüsse reagiert. Auf diese Weise werden wir animalischer und weniger natürlich, wenn wir mit „natürlich" „wahrhaft menschlich" meinen.

Doch das ist noch nicht alles. Es gibt einen Punkt, wo sich physische Reizmittel in etwas völlig anderes verkehren. Wir rühren hier an das Geheimnis des Bewußtseins, das noch keiner gelöst hat. Jeder physische Reiz (sehen, hören, Berührung usw.) löst gewissermaßen einen elektrischen Strom aus, der durch die entsprechende Nervenbahn zum Gehirn fließt. Je nach der Stelle im Gehirn, wohin dieser Strom transportiert wird, wird er in Farbe, Ton, Gefühl usw. umgesetzt. Wir empfinden die Welt nicht so, wie die Naturwissenschaft sie sieht — grob gesagt als eine Reihe von Wellen —, sondern als eine Welt der Menschen und der Dinge.

Gehen wir noch einen Schritt weiter, so gelangen wir zum Bereich der Ideen, der konkreten und abstrakten Vorstellungen. Wir können die Augen schließen, den Einfluß der Sinne ausschalten und unmittelbar in unseren Geist Bilder heraufbeschwören. Wir können uns mit abstrakten Begriffen wie Güte, Wahrheit, Schönheit und Religion befassen.

Es ist schwer zu sagen, wo das Animalische ins Menschliche übergeht. Ich selbst brauche für die Beschreibung des Menschen nicht gern das Bild der Pyramide, wo ein Block auf dem anderen steht: zuunterst der Körper, in der Mitte die Seele und zuoberst der Geist. Das zersplittert den Menschen in einer unbiblischen Weise und nötigt uns zu unfruchtbaren Auseinandersetzungen mit Naturwissenschaft und Psychologie. Angemessener läßt sich wohl das menschliche Wesen im Bild einer Spirale darstellen. Der Körper befindet sich dann am Boden, d. h. er gründet sich auf der Erde. Irgendwann im Verlauf der Windungen dieser Spirale stoßen wir dann in jenen Bereich vor, wo die bewußte Wahrnehmung der Welt und unserer selbst beginnt und den wir „Seele" nennen. Wir sind jetzt in einer Sphäre, die jenseits des Animalischen liegt, obwohl sie natürlich letztlich darin wurzelt. Wir sind im Bereich der persönlichen Entscheidungsfähigkeit.

Manche Psychologen und Philosophen vertreten zwar die Theorie, daß sich alles menschliche Handeln und Denken als vorprogrammierte physische Reaktionen eines komplizierten animalischen Computers erklären läßt. Doch ihre Bücher schreiben sie so, als könnten ihre Leser vernunftmäßig überzeugt werden, das Dargebotene als Wahrheit anzunehmen. Seltsamerweise werfen sie den Christen gern vor, sie lösten bei evangelistischen Veranstaltungen lediglich psychologische Reaktionen aus und provozierten damit Bekehrungen unter Druck. Wenn das stimmte, dann hätten die Christen lediglich die Lehren eben dieser Psychologen beherzigt, d. h. sie hätten ihre Zuhörer wie Maschinen behandelt. Aber unter solchen Voraussetzungen wäre Wahrheit ein leeres Wort: als Mensch sind Sie so programmiert, daß Sie bestimmte Aussagen machen müssen, während ich so programmiert bin, daß ich andere machen muß. Welchen Sinn hat es aber dann, die eine Aussage gegen die andere abzuwägen und die eine richtig, die andere falsch zu nennen! Wenn allerdings die Begriffe „gut" und „böse" die Nebenbedeutung von „zweckmäßig" und „unzweckmäßig" erhalten, dann können Sie geschickt meine Meinung beeinflussen, indem Sie sich meine gewohnheitsmäßigen Reaktionen zunutze machen oder Belohnungen und Strafen in Aussicht stellen. Sie können mich ferner durch Drogen oder Eingriffe in mein Gehirn dahin bringen, daß ich die „Wahrheit" erkenne und meinen „Irrtum" einsehe. Das ist einer der schrecklichsten Gefahren, die heute der Menschheit drohen.

Auf dem Gebiet der Werbung erliegen wir ihr bereits. Doch selbst die geschickteste Werbung muß mit einem gewissen Maß an Entscheidungsfreiheit rechnen und deshalb zu *überreden* suchen, das angepriesene Produkt sei besser als ein anderes, und wir müssen es unbedingt haben.

Die Menschheit erkennt heute, daß sie auf das Niveau animalischer Reaktionen herabsinken kann und wehrt sich dagegen mit all ihrer Kraft des anscheinend freien Willens. Als Christen glauben wir, daß der gesunde Menschenverstand hier den richtigen Weg einschlägt. Entschieden wir uns nämlich bewußt für die eben angedeutete Alternative, dann gliche das Leben auf dieser Erde bald der schlimmsten Science-Fiction. So wie der Mensch ein körperliches Wesen *ist*, so ist er auch ein Seelen- und Vernunftwesen. Das heißt, er ist sich seiner selbst bewußt und kann seine bruchstückartigen Erfahrungen aus der Welt des Alltags sinnvoll zu einem Ganzen vereinen. Im Licht dieser Erfahrungen vermag er seine Ziele zu überprüfen und erkennt vielleicht, daß er einige seiner gewohnheitsmäßigen physischen Reaktionen kontrollieren oder ändern muß, wenn er erreichen will, was ihm vorschwebt. Er ist sich ferner bewußt, daß er sich in einer Welt von Werten bewegt, die er „gut", „schön", „wahr", „gerecht" usw. nennt. Dann werden auch „gut" und „böse" einen anderen Sinn erhalten als „zweckmäßig" oder „unzweckmäßig". Was im einzelnen gut und böse ist, darüber mag er sich mit seinen Mitmenschen streiten, aber er ist zumindest bereit, darüber zu diskutieren, weil es nicht eine Frage des Gefühls, sondern des Denkens ist. Auf jeden Fall ist er sich bewußt, daß es niemals recht sein kann, Unrecht zu tun, oder Unrecht, recht zu tun.

6. Vom Psychischen zum Geistigen

Wir haben uns sowohl mit den Eigenschaften befaßt, die der Mensch mit dem Tier gemeinsam hat, als auch mit denen, die ihn vom Tier unterscheiden. Nun wollen wir das Verhältnis des Menschen zu den geistigen Wesen betrachten.

Im vorangehenden Kapitel sahen wir, daß es die Vernunft ist, die dem Menschen bewußtes Wahrnehmen und wertendes Denken ermöglicht. Gleichzeitig wissen wir, daß wir das Leben nicht nur mittels unserer rationalen Fähigkeiten leben, sondern daß wir in unbestimmbarem Ausmaß von Unterschwelligem beeinflußt werden. Man hat dieses Unbewußte oft mit dem verborgenen Teil eines Eisberges verglichen, der ja viel größer ist als die über Wasser ragende Spitze, die wir Bewußtsein nennen.

Wir wollen uns dies an einem Beispiel verdeutlichen: Vermutlich sind Ihnen im Augenblick neben dem, was Sie gerade in diesem Buch lesen, noch zwei oder drei andere Dinge bewußtseinsgegenwärtig. Unter der Bewußtseinsoberfläche, im sogenannten Vorbewußten, sind die Gedächtnisinhalte, die sich jederzeit hervorholen lassen. Darunter befinden sich die Erinnerungen an alles je Erlebte, über die aber nicht mehr willkürlich verfügt werden kann. Ebenfalls unter dem Bewußtseinsspiegel verspüren wir unbestimmte Kräfte, die uns oft hemmen oder antreiben. Sollten wir je einen Tiefenpsychologen aufsuchen müssen, so wird er bei der Behandlung von der Annahme ausgehen, daß unbekannte Spannungen unser bewußtes Tun beeinflussen, und er wird diese dadurch angehen, daß er versucht, vergessene Erinnerungen oder Ängste ans Tageslicht zu bringen.

Er wird ziemlich sicher annehmen, daß verdrängte Kindheitserlebnisse und die damit verbundenen Gefühle von Scham, Angst, Schuld, Enttäuschung usw. den jetzigen Schwierigkeiten zugrunde liegen. Diese werden in Belastungssituationen aktiviert. Sie können aber auch lediglich zu einer schwer lösbaren Bindung an den einen oder anderen Elternteil führen.

Freud betonte vor allem die Bedeutung verdrängter Schuldgefühle, die im Zusammenhang mit der frühkindlichen Sexualität entstehen. Adler sah das Machtstreben und die Furcht vor Minderwertigkeit als bestimmende Faktoren im Leben eines Menschen. Jung erkannte wohl auch die Bedeutung der Verdrängungen an, maß aber dem unbewußten Drang nach Ganzheit und Individuation eine große Wichtigkeit zu. Andere, wie z. B. Frankl, sprachen von der inneren Suche nach dem Sinn des Lebens. Wir tun gut daran, alle diese Auffassungen ernst zu nehmen.

Wenn wir vom *Unbewußten* sprechen, deuten wir damit an, daß sein Inhalt normalerweise unserem Bewußtsein nicht zugänglich ist. Dennoch können wir sagen: das Unbewußte gehört zu mir, genau wie mein Körper oder mein Bewußtsein Teil meines Selbst ist. Das wird uns davor bewahren, uns das Unbewußte als einen vom übrigen abgetrennten Kellerraum vorzustellen.

Nun ist dieser Bereich allerdings sehr schwer zu untersuchen. Dennoch dürfen wir diesen Teil von uns selbst nicht übersehen, weil er — wie wir gesehen haben — unser Leben stark beeinflussen kann. Über die Auswirkungen von Verdrängungen haben wir bereits gesprochen. Daneben ist das Unbewußte für manche Träume verantwortlich. Die Kraft genialer und künstlicher Begabung hat ebenfalls vorwiegend mit der Aufnahmefähigkeit des Unbewußten zu tun. Ein Christ weiß außerdem, daß das Innewohnen des Heiligen Geistes bis in unsere unbewußten Tiefen hinabreicht.

Dieser letzte Punkt ist wichtig. Das Neue Testament bezeugt, daß der Heilige Geist kommt, um in dem Christen zu „wohnen", sobald er durch die Wiedergeburt mit Christus verbunden ist (siehe z. B. 1. Korinther 6, 19.20). Christus sagte zu Nikodemus, der Heilige Geist bringe dem Geist des Menschen neues Leben (Johannes 3, 6), und er verglich den Heiligen Geist mit einer Quelle, die im Menschen aufsprudelt und aus ihm herausströmt (Johannes 7, 37—39).

Die Briefe, vor allem Römer 8, wiederholen mehrmals, daß der Heilige Geist in der Gemeinde und im einzelnen Christen wohnen will. Allerdings wird nirgends im Neuen Testament gesagt, der Heilige Geist sei in allen Menschen.

Wir haben festgestellt: Wir können zwar nicht unmittelbar wahrnehmen, was in unserem Unbewußten verborgen ist, spüren aber die Kräfte, die aus diesem Bereich heraus unser Denken und Verhalten beeinflussen. Wenn der menschliche Geist — der den Heiligen Geist in sich aufnehmen kann — ein Aspekt unseres Unbewußten ist, dann ist einsichtig, daß wir den Heiligen Geist ebenfalls nicht unmittelbar wahrnehmen können, aber seine Auswirkungen verspüren. Damit können wir unseren Feststellungen eine weitere hinzufügen: Auch das

Geistige gehört zu mir. Unser Ich ist also eine Einheit, und jeder Teil unseres Wesens beeinflußt alle anderen. Es gibt keine geistliche Wiedergeburt, durch die nicht auch Gesinnung und Taten verändert würden (Römer 12, 2; 1. Korinther 6, 19.20); und es gibt keine körperliche Tat, die nicht auch auf Seele und Geist einwirken würde (Philipper 3, 18—21). Das liegt daran, daß ich funktionell Leib, Seele und Geist *bin* und unmöglich einen Teil abtrennen und nicht anerkennen kann.

Auch als Christ bin ich Körper und kann mich nicht vom Mechanismus des Leibes und des Gehirns lösen. Dasselbe gilt auch für meine geistlichen Erfahrungen. Damit soll nicht gesagt sein, daß geistliche Erfahrungen nicht eigenständig wären — aber sie werden nicht in einem Vakuum gemacht. Es heißt auch nicht, daß das Geistliche sich nicht auf das Körperliche stützen könnte. Dieselben Mechanismen, die in einer Bekehrung zum Kommunismus oder zu irgendeinem anderen Ideal im Jugendalter wirksam sind, treten ohne Zweifel auch in der christlichen Bekehrung zutage. Die Anziehungskraft einer Zielvorstellung — sei sie gut oder schlecht — vermag die ganze Lebensweise zu verändern. Wenn wir Christus als Ideal sehen (im Sinne von Philipper 3, 10), werden bei uns Ideal-Mechanismen ausgelöst. Doch im Unterschied zu allen anderen Idealen bietet uns Christus zuerst Vergebung und Reinigung von Sünden an und schenkt uns dann eine echte, bis ins Tiefste reichende Lebensverbindung mit Gott durch den Heiligen Geist, der in uns Wohnung nimmt. Beachten Sie, wie wichtig hier die Wahrheit der Dreieinigkeit ist; sie wird besonders deutlich sichtbar in der sorgfältigen Verwendung der Pronomen in Johannes 14, 16—23.

Nun gibt es eine weitere Hypothese, die viel für sich hat. Sie ist hauptsächlich mit dem Namen C. G. Jung verbunden. Er spricht von einem „kollektiven Unbewußten", an dem das individuelle Unbewußte teilhat. Wir wollen das wieder persönlich ausdrücken: Auch mein Unbewußtes gehört zu mir, und ich gehöre zugleich zur Menschheit. Diese Zugehörigkeit bedeutet: ich habe teil an der gegenwärtigen Existenz und an den früheren Erfahrungen der ganzen Menschheit. Diese unbewußte Teilhabe zeigt sich in der weltweiten Verbreitung von Symbolgehalten, wie sie z. B. in Träumen an die Oberfläche kommen oder durch Psychoanalyse bewußt gemacht werden oder in alten Sagen zu finden sind. Dieses „kollektive Unbewußte" gibt eine Erklärung dafür, wie Ideen von einem Menschen zum andern überspringen können, selbst über Völkergrenzen hinweg. Und es hilft dem Christen zu begreifen, wie es möglich war, daß Jesus Christus alle vergangenen, gegenwärtigen und zukünftigen Sünden der Menschheit tragen konnte. Denn bei seiner Menschwerdung wurde er dieser unserer weltweiten Menschheit einverleibt, die nicht bloß in physischer Hinsicht eine Einheit ist, sondern in der Tiefe ihres gemeinsamen Unbewußten. Wir sind uns dieser Verkettung meist nicht bewußt, aber sie kann uns doch — wie unser persönliches Unterbewußtsein — beeinflussen. Jesus Christus konnte sich mit dieser „Seele" der Menschheit verbinden, ohne persönlich von ihren Fehlern angesteckt zu werden. Und doch muß er, als er die Sünden der Welt trug, in geheimnisvoller Weise ihre ganze Existenz, das Böse wie das Gute, in sich selbst aufgenommen haben. Wir können fast sagen: Das Leben der Welt starb am Kreuz im Tod Christi, der sein Schöpfer und Erhalter ist (Kolosser 1, 17 bis 20; Hebräer 1, 2.3). Das zeigte sich symbolisch darin, daß die Sonne, das Licht der Welt, ihren Schein verlor (Lukas 23, 44.45).

Wenn Sie das Geschehen auf Golgatha noch nie in dieser Weise betrachtet haben, wird Ihnen dieser Abschnitt vielleicht als Denkanstoß dienen. Leuchtet es Ihnen aber nicht ein, dann lassen Sie es zunächst ruhig beiseite. Wichtig ist die *Tatsache*, daß Jesus Christus für unsere Sünden gestorben ist, nicht aber die *Theorie* über all das, was in seinem Tod inbegriffen war.

7. Psychisch oder okkult?

Wir haben den Menschen im Bild einer Spirale dargestellt: Ohne scharfe Trennung greift ein Aspekt seines Wesens in den andern über. Wir haben ihn als körperliches, psychisches und geistiges Wesen gesehen und dabei gemerkt, daß sich manches überschneidet. Insbesondere haben wir festgestellt, daß der Begriff „unbewußt" verschiedene Aspekte des Menschen umschließt, an die wir auf verschiedene Weise herangehen müssen. Gemeinsam ist ihnen die Tatsache, daß man sie nur schwer direkt wahrnehmen kann, daß man aber aufgrund des Einflusses, den sie auf unser bewußtes Leben ausüben, auf ihre Existenz schließen muß.

Vielleicht wird das Bild der Spirale kompliziert, wenn wir nun die beiden Enden miteinander verbinden, so daß eine ringförmige endlose Spirale daraus wird. Und doch können wir dadurch das Vorausgegangene noch besser beleuchten. Das Bild, das wir im 6. Kapitel gezeichnet haben, könnte nämlich noch immer die landläufige Vorstellung wecken, daß sich das Geistige am entgegengesetzten Ende der Linie befindet, die vom Körperlichen ausgeht. In Wirklichkeit jedoch ist jedes Teilstück der Spirale nach beiden Seiten mit jedem anderen verbunden. Was auch immer an irgendeiner Stelle dieses Rings geschehen mag, wirkt sich nach allen Richtungen hin aus.

Solange wir uns das vor Augen halten, können wir getrost einzelne Aspekte analysieren, wie ein Biologe ein Teil des menschlichen Körpers analysieren kann, solange er sich dabei vor Augen hält, daß der betreffende Teil ein wesentlicher Bestandteil des Ganzen ist. Die Bibel hat das Ganze im Blick, ohne deshalb die Teilstücke aus dem Auge zu verlieren. So schreibt Paulus in 1. Thessalonicher 5, 23: „Er selbst aber, der Gott des Friedens, heilige euch durch und durch; und vollkommen möge euer Geist samt der Seele und dem Leibe ohne Tadel bei der Wiederkunft unseres Herrn Jesus Christus bewahrt werden."

Das Wort „okkult" bedeutet „verborgen", doch nicht alles, was verborgen ist, ist deshalb schon okkult. Man kann nicht jeden Aspekt des verborgenen Unbewußten in diese Kategorie einordnen. Als „okkult" bezeichnet man vielmehr bestimmte merkwürdige Phänomene, die — spontan oder vorsätzlich hervorgerufen — verborgenen Quellen entspringen. Merkwürdig sind sie, weil sie nicht den Gesetzen der körperlich-seelischen Bereiche unterworfen sind, nach denen wir unser bewußtes Leben richten und verstehen. Was ist der Unterschied zwischen okkult und psychisch? Es ist oft leichter, die Bedeutung eines Wortes zu empfinden als sie genau zu definieren. Aber wir dürfen wohl sagen, daß man mit „psychisch" viele nichtphysische, jedoch menschliche Kräfte bezeichnet, die unter bestimmten Umständen zutage treten. Dazu gehören in erster Linie Telepathie, Hellsehen und Präkognition (Vorwegnahme zukünftiger Ereignisse). Ferner könnte man hier gewisse über das Normale hinausgehende Kräfte des Heilens einordnen, sowie die Fähigkeit, Wasser oder Metall aufzuspüren oder auch einen Farb- oder Lichtschein (Aura) rings um einen menschlichen Körper zu erkennen. Wir werden uns später mit der Frage beschäftigen müssen, ob es richtig ist, solche Anlagen zu fördern.

Das Wort „okkult" hingegen weist auf Kontakt mit Geistermächten hin, auf eigentliche Magie und Zauberei. Es ist unmöglich, eine feste Grenzlinie zwischen okkult und psychisch zu ziehen, weil das Okkulte das Psychische einschließen kann. Wenn Kontakt mit Geistern besteht, werden sich diese der im Menschen schlummernden Kräfte bedienen. So gibt es Menschen, die sich ihrer eigenen latenten menschlichen Kräfte bedienen und gleichzeitig das Werkzeug von Geistern sind, die sich diese Fähigkeiten zunutze machen. Das bedeutet: wir werden einmal einem Sowohl-Als-Auch gegenüberstehen, ein andermal einem Entweder-Oder.

Das läßt sich am Phänomen des Do-it-yourself-Okkultismus illustrieren, wie er mit dem ouija-Brett und dem umgestülpten Becher praktiziert wird. In den letzten Jahren hat diese Art der „Kommunikation" vor allem in Schulen und Hochschulen enorm zugenommen. Dabei sitzt eine kleine Gruppe von Menschen um einen Tisch, auf dem ein großes Alphabet ausliegt, unter Umständen auch Figuren und einfache Wörter wie ja und nein. Das Ganze ist mit einer Glasplatte abgedeckt, auf der ein umgestülptes Gläschen oder ein auf Kugeln ruhendes Brettchen steht. Im Verlauf der Sitzung buchstabiert das Gläschen oder das Brett Antworten auf Fragen, die gestellt werden. Es bewegt sich auf dem Alphabet hin und her und bleibt auf einzelnen Buchstaben stehen. So ergeben sich im Verlauf der Séance Mitteilungen, und zwar im Namen eines Geistes, der behauptet, ein Verstorbener zu sein.

Um die Mitte des letzten Jahrhunderts war das Tischrücken eine beliebte Form der Kommunikation. Dabei bildete ein Kreis von Menschen mit gespreizten Fingern eine Kette und hielt die Hände auf oder über den Tisch (es war oft ein schwerer Tisch). Dann stellte man dem Geist Fragen. Man rief ihm die Buchstaben des Alphabets zu, und beim richtigen Buchstaben bewegte sich der Tisch. Es dauerte lange, bis auf diese Weise ein Satz vollständig war. Wenn man ausschließt, daß irgendein Teilnehmer der Gruppe absichtlich betrügt, bleibt immer noch die Möglichkeit, daß einer unbewußt schiebt. Das kann verhindert werden, indem man jedem Teilnehmer die Augen fest verbindet und daraufhin die Reihenfolge der Buchstaben abändert. Ich habe von Experimenten gelesen, bei denen die Antworten mit größter Geschwindigkeit buchstabiert wurden, obschon die Teilnehmer mit verbundenen Augen dasaßen und die Buchstabenfolge völlig geändert worden war.

Einige der Botschaften konnten genau überprüft werden: Sie nannten völlig richtig Namen und Adressen von Leuten, die vor kurzem gestorben und niemandem in der Gruppe bekannt waren. Etwas noch Erstaunlicheres trug sich an dem Tag zu, als die „Lusitania" sank. Die Teilnehmer der Gruppe hatten zwar in den Nachrichten davon gehört, wußten aber nicht, daß ein persönlicher Freund, Sir Hugh Lane, an Bord gewesen war. Während der Séance wurde nun folgende Mitteilung buchstabiert: „Betet für die Seele von Hugh Lane." Es folgte eine Beschreibung der letzten Minuten vor seinem Ertrinken, und zwar in der Ich-Form. Wenig später fanden seine Freunde seinen Namen im Abendblatt auf der Liste der Passagiere. In der Folgezeit gab der angebliche Hugh Lane Anweisungen betreffs seines Testaments, unterließ es aber, einen wichtigen Zusatz zu erklären, der Gegenstand eines heftigen Streits war.

Der Kommunikator, der behauptete, Hugh Lane mit dem spiritistischen Zirkel in Verbindung gebracht zu haben, nannte sich selbst Peter Rooney. Er erzählte, er habe in Boston das Leben eines Kriminellen und Gefangenen geführt; vor zehn Tagen habe er Selbstmord begangen, indem er sich unter eine Straßenbahn geworfen habe. Von England aus wurden sofort bei der Polizei von Boston (Lincolnshire) und Boston (Massachusetts) Erkundigungen eingezogen. In beiden Städten war kein Peter Rooney bekannt. Etliche Jahre zuvor war allerdings in Boston (Massachusetts) ein Peter Rooney von einer Hochbahn gestürzt und hatte einen Monat lang zu Bett liegen müssen. Er lebte immer noch in Boston. Typisch: böse Geister geben sich als Geist eines Verstorbenen aus. Es ist meist Irrtum, wenn man meint, man hätte es mit dem Geist des Verstorbenen zu tun.

Wenden wir uns einem jüngeren Beispiel zu. Die Zeitungen berichteten vor einiger Zeit von einer spiritistischen Sitzung, die einige Jugendliche in einer Schule in Blackpool veranstaltet hatten. Ein Auszug aus einem Interview mit einem der Jungen erschien im Herbst 1970 in der christlichen Zeitschrift „Viewpoint". Die Schule befindet sich in einem Stadtteil, der in der Vergangenheit Schauplatz mehrerer Morde war. Die Séance wurde im Keller des Schulhauses abgehalten. Die Schüler versuchten, mit Hilfe eines ouija-Bretts Kontakt mit den Geistern aufzunehmen, und sie empfingen die angebliche Mitteilung einer Frau, die 1854 von einem Mann namens Mercer ermordet worden war. Sie behauptete, es sei etwas Böses im Keller, das ihren Kontakt mit der Gruppe verhindern wolle. Als sie aufgefordert wurde, ihre Gegenwart zu beweisen, begann die Temperatur im Raum zu fallen. Das Brett gebot den Jungen, den Keller nicht zu verlassen, aber etliche bekamen es mit der Angst zu tun, und die Sitzung wurde abgebrochen.

Ein weiteres Beispiel stammt von einem Missionar, der anläßlich einer Vortragsreise durch England bei einer gläubigen Frau wohnte, die früher Spiritualistin gewesen war. Sie zeigte ihm auf dem Bücherregal des Schlafzimmers ein zerbrochenes ouija-Brett und erzählte, sie habe es früher selbst gebraucht, habe sich aber mit der Zeit immer argwöhnischer gefragt, woher die Mitteilungen wohl stammten. Schließlich hatte sie während einer Séance gefragt: „Ich bin verwirrt, was soll ich tun?" Die buchstabierte Antwort lautete: „Vertraue und gehorche, denn es gibt keinen anderen Weg, um in Jesus glücklich zu sein." — Es sind die Worte eines bekannten englischen Kirchenliedes. Die Frau fragte jedoch weiter: „Wer bist du?" Und die Antwort: „Der Teufel." Im selben Augenblick kippte das Brettchen um und brach entzwei. Es mag seltsam scheinen, daß die Frau das Brett bei sich im Hause behielt. Vielleicht war das ein Grund dafür, daß sie — wie der Missionar erzählte — noch immer von bösen Geistern geplagt wurde, selbst in der Kirche während des Abendmahls.

Das sind nur einige wenige typische Ereignisse, ein merkwürdiges, verrückt anmutendes Durcheinander von offensichtlich wahren, falschen und zweifelhaften Kommunikationen.

Gibt es eine einheitliche Erklärung für sie, oder stehen wir einer Vielfalt von Ursachen und Wirkungen gegenüber? Sind sie psychischer oder okkulter Natur? Sind sie lediglich das Produkt von im Menschen selbst schlummernden Fähigkeiten, oder werden diese Kräfte von unsichtbaren Geistern für ihre Zwecke benutzt?

8. Das Psychische ohne das Okkulte

Es gibt drei mögliche Deutungen für die Phänomene, die wir als Beispiele angeführt haben. Erstens: sie sind darauf zurückzuführen, daß in den Teilnehmern selbst schlummernde Fähigkeiten geweckt worden sind; zweitens: sie wurden von Geistern bewirkt; drittens: beide Aspekte treffen zusammen, d. h. die Geister sind offenbar imstande, latente Kräfte im Menschen zu wecken und ihren eigenen Zwecken nutzbar zu machen.

Die meisten Menschen stürzen sich, ohne viel zu überlegen, auf die zweite Erklärung, und zu dieser Gruppe gehören auch die meisten Christen, nur sind sie über die Identität der in Frage kommenden Geister geteilter Meinung. Ich selbst allerdings neige mehr der ersten und dritten Erklärung zu.

Der Volksglaube hat das gelegentliche Vorkommen des „Zweiten Gesichts" stets bejaht. Bis vor kurzem bestand allerdings keine Möglichkeit, auf diesem Gebiet Experimente anzustellen, die jederzeit wiederholt werden können. Gerade solche Experimente aber braucht ein Wissenschaftler, wenn er irgendeinen Vorgang untersuchen will. Inzwischen hat die Parapsychologie große Fortschritte erzielt, und die meisten haben wohl davon gehört, daß Menschen auf ihre Fähigkeit geprüft worden sind, mittels Telepathie die Reihenfolge von Spielkarten festzustellen, die jemand an einem weit entfernten Ort Stück für Stück vorzeigte. Auf den 25 Karten kamen 5 geometrische Figuren je fünfmal vor. Mit Hilfe der Wahrscheinlichkeitsrechnung war es möglich, mathematisch zu berechnen, ob die Zahl der „Treffer" höher lag, als daß man sie dem Zufall hätte zuschreiben können. Und in der Tat erzielten manche Versuchspersonen auch bei oft wiederholtem Durchgehen des Kartenspiels eine verblüffend hohe Trefferquote.

Ein 1959 erschienenes Buch („The Mind Readers") berichtet von Versuchen mit zwei vierzehnjährigen Landjungen, die die Fähigkeit telepathischer Kommunikation besaßen. Sie wurden im Beisein von Berufstelepathen, die sonst auf Bühnen auftraten und alle Tricks kannten, geprüft. Einen ihrer größten Erfolge errangen sie auf einem Sportplatz. Dort saßen sie etwa 25 Meter voneinander entfernt, einen Wandschirm zwischen sich. Zuvor waren sie gründlich auf Dinge wie versteckte Sender und dergleichen durchsucht worden. Beim Durchgehen gut gemischter Sätze von 25 Karten mit 5 verschiedenen Tierbildern erreichten die Jungen nacheinander 19, 20, 23 und 25 Punkte. Das war nicht die einzige Gelegenheit, bei der sie eine so hohe Punktzahl erreichten. Zwischen 17 und 20 verloren die Jungen allerdings ihre Gabe, und seither ist ihnen unterschoben worden, sie hätten Hochfrequenzpfeifen im Mund oder in den Kleidern versteckt gehabt. Doch das scheint praktisch ausgeschlossen, wenn man bedenkt, welch pausenloser Kontrolle sie unterworfen waren. Bestimmt hätte irgend jemand eine solche Pfeife entdeckt oder gehört.

Wenn demnach Telepathie tatsächlich vorkommt, bedeutet das, daß eine tiefe innere Gedankenverbindung möglich ist und etwas von dem, was ein Mensch denkt, ins Bewußtsein eines anderen bringen kann. Das kann für praktische Zwecke gebraucht werden. So wird zum Beispiel berichtet, daß unter manchen Lappländern die Telepathie gang und gäbe ist — sie benutzten sie, um zu vereinbaren, wo sie sich in den öden Gebieten ihres Landes treffen wollen.

Es gibt deshalb keine ernsthafte Erörterung des Spiritualismus, bei der man nicht auf die Theorie der Telepathie stoßen würde. Ich gebrauche in diesem Buch bewußt den Ausdruck „Spiritualismus", weil die Alternative, „Spiritismus" — von manchen Christen bevorzugt — andeutet, daß jedes in einer Séance vorkommende Phänomen direkt von Geistern stammt. Gewiß behaupten die meisten Medien, daß sie Verbindung mit Geistern von Verstorbenen aufnehmen können und daß diese Geister ihnen Botschaften für einen im Zimmer Anwesenden geben. Wenn es jedoch wirklich Telepathie gibt, warum sollte dann das Medium nicht Bild, Stimme und Botschaft auffangen, die im Geist des Empfängers schlummern?

Eileen Garrett, eine Frau, die selbst über mediale Kräfte verfügt, hat Zeit ihres Lebens nach Antwort auf eben diese Frage gesucht. Sie ist zu dem Schluß gekommen, daß die angeblichen Geister mit ihren verschiedenen Stimmen und Namen lediglich Facetten ihrer eigenen Persönlichkeit sind und daß sich jeweils bei den Mitteilungen Bild und Stimme aus den tiefen Schichten der Psyche ihres Klienten heraus gestalten.

Die Theorie, daß es sich bei dem angeblichen Kontakt mit Geistern in vielen Fällen oft nur um telepathische Fähigkeiten handelt, wird durch Tests erhärtet, die man immer wieder gemacht hat. Wenn ein Forscher zu einer Séance geht und dabei intensiv an einen imaginären Verwandten oder Freund denkt oder sich auf eine Persönlichkeit aus Geschichte oder Literatur konzentriert, kann es geschehen, daß das Medium seine Gedanken in Gestalt einer Botschaft oder Beschreibung der betreffenden Person ausdrückt. In einem Fall griff in einer öffentlichen Versammlung ein bekanntes Medium den Namen Bessie White auf, der 21 Monate zuvor bei einer privaten Séance von einem ihrer Klienten erfunden worden war. Sie fuhr dort fort, wo sie beim letzten Mal stehengeblieben war, obwohl sie den Klienten in der Zwischenzeit nicht gesehen hatte und ihn in der großen Zuhörerschaft kaum entdeckt haben konnte.

Menschen, die zu Forschungszwecken verschiedene Medien aufsuchen, machen die Erfahrung, daß ein Medium, das auf eine falsche Spur gerät, andere nach sich zieht. Einer Verwandten von mir wurde vor etlichen Jahren von drei verschiedenen Wahrsagerinnen prophezeit, sie werde mit 30 Jahren bei einem Autounfall ums Leben kommen. Ich freue mich, sagen zu können, daß sie dieses Alter längst überschritten hat. Die falsche Eingebung des ersten Mediums wurde von den übrigen als Tatsache aufgegriffen.

Es ist nicht leicht, die Grenze zwischen Gedankenübertragung und Hellsehen zu ziehen, und es lohnt sich auch kaum, es zu versuchen. Bei der Gedankenübertragung weiß ich, was ein anderer denkt; hellsehen hingegen heißt merken, was sonst niemand wahrnimmt. Beides schließt die normale Wahrnehmung durch die Sinne aus. Wenn ich aus einer Entfernung von 100 km merke, was für ein Bild Sie gerade betrachten, dann nennt man das Telepathie. Wenn Sie einen gut gemischten Satz Karten umgekehrt auf den Tisch legen, ohne daß Sie oder sonst wer die Reihenfolge der Karten kennt, und ich diese in der richtigen Reihenfolge aufschreibe, dann nennt man das Hellsehen.

Leider wird diese Unterscheidung noch durch die Präkognition, das Voraussehen oder Vorausahnen der Zukunft, erschwert. Bei außersinnlichen Wahrnehmungen (Telepathie und Hellsehen) überwindet der Geist offenbar den Raum, denn er stellt ohne physikalische Mittel über gewisse Entfernungen hinweg Kommunikation her. Man hat aber festgestellt, daß die außersinnliche Wahrnehmung auch die Zeit überwinden kann. Das hat man experimentell durch die Fähigkeit nachgewiesen, vorauszusagen, wie die Reihenfolge von Karten sein wird, die man erst nach der Voraussage mischt. Es kann sich dabei um Hellsehen handeln, es kann aber auch sein, daß ich mit Hilfe telepathischer Fähigkeiten Ihre Gedanken lese, die Sie haben *werden*, wenn Sie die Reihenfolge der Karten kontrollieren.

Diese experimentell nachgewiesene Präkognition hat den Volksglauben bestätigt, daß einzelne Menschen gelegentlich in die Zukunft schauen können.

Daneben gibt es eine erweiterte Art von Telepathie, die unter dem Namen Psychometrie bekannt ist. Vereinzelte Menschen sind imstande, einen Gegenstand aufzunehmen, der jemandem gehört, den sie nicht kennen, um sodann die Erscheinung des Besitzers oder hauptsächlichen Benutzers wahrzunehmen und etwas von dessen Vergangenheit, Gegenwart und Zukunft zu erkennen.

In diesem Zusammenhang müssen wir einen kurzen Blick auf bestimmte Techniken werfen, die angewandt werden, um die Zukunft zu erkennen. Zu den verbreitetsten Methoden gehören das Kartenlesen, das Forschen im Kaffeesatz, das Hand-linienlesen und die Astrologie. Die Karten können gewöhnliche Spielkarten sein, doch greift man heute immer mehr zum Tarock mit seinen 78 Karten, wovon 22 einen starken Symbol-gehalt haben. Der Fragende mischt das Spiel, denkt dabei an bestimmte Fragen, und die Anordnung der ausgelegten Karten gibt Antwort auf diese Fragen. Man nimmt an, daß die psychi-schen Fähigkeiten, die bis zu einem gewissen Grad Raum und Zeit überwinden können, die Anordnung des Spiels beein-flussen und daß überdies der Kartenleser mit Hilfe seiner hell-seherischen Geschicklichkeit die Zeichen auslegen kann. Das ist durchaus möglich.

In ähnlicher Weise unternimmt derjenige, der im Kaffeesatz liest, im Auftrag des Fragenden eine Art Test, der an den Ror-schach-Test erinnert. Dieser tiefenpsychologische Test enthält eine Reihe von Tintenklecksen, die in einer bestimmten Weise geformt sind und die der Patient als Bilder betrachten soll. Was er dann in diesen Klecksen sieht, spiegelt seine Persönlichkeit wieder. So kann auch der Wahrsager den Kaffeesatz als Spiegelbild der Gedanken seines Klienten betrachten, in denen ein Stück Zukunft wahrzunehmen ist. (Man darf das natürlich nicht verallgemeinern. Die meisten Wahrsager behaupten ja gerade, daß sie in solchen Situationen Dinge sagen, die sie vor-her nicht wußten. Und die „natürliche" Erklärung, die ich eben zu geben versuchte, darf uns nicht darüber hinwegtäuschen, daß viele der „Deuter" okkult behaftet sind.)

Handlinienleser und Astrologen arbeiten nach genauen Re-geln, aber die Art und Weise, wie das Gelesene auf die einzel-nen Klienten angewandt wird, ist von einem Astrologen zum andern verschieden. Ein feinfühliger Hellseher mag wohl in der Lage sein, die Handlinien richtig auszulegen. Bei den heutigen „Horoskopen für jeden Tag" habe ich allerdings das Gefühl, daß sie besser hinterher zeigen können, wie die Konstellation der Planeten die Ereignisse „beeinflußt" hat, als daß sie diese voraussagen könnten. Sie gleichen darin oft jenen Psychologen, die hinterher frisch-fröhlich erklären können, weshalb Frau X oder Herr Y sich ausgerechnet bei jener besonderen Versammlung bekehrt hat!

Ist es Unrecht, in die Zukunft schauen zu wollen? Nun, wenn Gott uns so geschaffen hat, daß wir uns normalerweise Schritt für Schritt durch die Zeit vorwärtsbewegen, sollte es dann wirklich seinem Willen entsprechen, daß wir auf gut Glück alle möglichen Kunstgriffe anwenden, um herauszubekommen, was uns erwartet?

Ich glaube allerdings, daß wir nicht nur unsere Vergangenheit mit uns herumtragen, sondern auch irgendwie ein Stück unserer Zukunft, obwohl sich das noch nicht wissenschaftlich nachweisen läßt. Ganz gewiß gibt es vorausblickende Träume und Visionen, und mag es sich dabei auch nur um Träume handeln, in denen ein Ort, den wir noch nie besucht haben, ausführlich und einprägsam sichtbar wird, wie es jemand aus meinem Bekanntenkreis erlebt hat. Gott hat in der Bibel viele zukünftige Ereignisse geoffenbart, und hin und wieder zeigt er uns im voraus Dinge, die in unserem Leben geschehen werden, oder gibt uns zumindest eine Vorahnung davon. Dazu mag irgendein Erlebnis oder eine besondere Situation dienen. Später erst, wenn wir der Person oder Sache begegnen, worauf Gott uns vorbereitet hatte, merken wir, was das frühere Erlebnis zu bedeuten hatte. Das erste Erlebnis war eine göttliche Vorbereitung auf das zweite.

Das ist aber etwas völlig anderes, als vorsätzlich in die Zukunft blicken zu wollen. Und wer sich z. B. ernsthaft mit Tarock abgibt, setzt sich zudem ganz bestimmten Gefahren aus. Es wird nämlich von ihm verlangt, daß er sich in mystischer Weise mit jedem der angenehmen und unangenehmen Bilder auf den Karten identifiziert. Selbst derjenige, der sich „nur zum Spaß" damit beschäftigt, nimmt dabei Schaden. Ein Student erzählte mir, er habe sich eine neue Unterkunft suchen müssen, weil seine Mitstudenten ständig die Zukunft aus den Tarock-Karten gelesen hätten. Dadurch war allmählich eine finstere, beängstigende Atmosphäre im Raum entstanden. Im übrigen ließen diese Studenten ihre eigene Entschlußkraft verkümmern, indem sie sich ständig nach dem Tarock richteten. Eine weitere natürliche Fähigkeit muß hier genannt werden, die Kryptomnesie, das latente Gedächtnis. Unter Hypnose-Wirkung kann vieles, was wir ganz vergessen haben, in die Erinnerung zurückgerufen werden. Selbst Einzelheiten, die wir nie bewußt wahrgenommen haben, können in unserer Erinnerung aufgespeichert sein. Deshalb hat es schon viele Diskussionen über die Frage gegeben, ob Werbung, die den Menschen unterhalb der Bewußtseinsschwelle zu erreichen sucht, moralisch vertretbar sei. Verschiedene Untersuchungen haben nämlich ergeben, daß ein Werbeslogan, der im Verlauf eines Fernseh- oder Kinoprogramms so kurz aufblitzt, daß das Bewußtsein ihn nicht registrieren kann, dennoch stark genug in die tiefer gelegenen Schichten der Seele eindringt, um bestimmte Reaktionen hervorzurufen.

Könnte dieser Faktor auch in den Beispielen des vorigen Kapitels eine Rolle spielen? Die Nennung von Namen und Adressen der beiden kurz zuvor verstorbenen Menschen kann sehr wohl auf Kryptomnesie zurückgehen, falls ein Mitglied die Anzeige in der Zeitung bemerkt hatte. Ein solcher Fall trug sich im letzten Jahrhundert zu, als Stainton Moses eine Mitteilung erhielt, die von einem gewissen Abraham Florentine stammen sollte. Dieser hatte am amerikanischen Krieg von 1812 teilgenommen und war am 5. August 1874 im Alter von 83 Jahren, einem Monat und siebzehn Tagen in Brooklyn gestorben. Alle Einzelheiten stimmten, bis auf eine — sein tatsächliches Alter war 83 Jahre, einen Monat und siebenund*zwanzig* Tage gewesen, wie seine Witwe behauptete. Das könnte man als belanglosen, zufälligen kleinen Fehler abtun, wenn nicht derselbe Fehler bereits im Nachruf auf Florentine in zwei amerikanischen Zeitungen gemacht worden wäre. Deshalb kann man annehmen, daß Stainton Moses ein Exemplar einer solchen Zeitung gesehen hatte, ohne das allerdings bewußt zu registrieren.

Möglicherweise gibt es auch für den rätselhaften Peter Rooney eine andere Erklärung: Er kann das Produkt der lebhaften Phantasie eines Teilnehmers gewesen und in der Folge vom Gruppenbewußtsein als echte Persönlichkeit angenommen worden sein. Die Jungen, die im Keller ihrer Schule zusammenkamen, trafen sich, wie sie wohl wußten, an einem verrufenen Ort. Deshalb ist es leicht möglich, daß sie irgend etwas — nicht unbedingt jemanden — aus der Vergangenheit aufgriffen, ein

Bild, das aus den phantasiereichen Tiefen ihres Geistes stammte. Man könnte noch weiter gehen und — in Anlehnung an psychometrische Experimente — annehmen, daß die Umgebung das Gepräge der vergangenen Untaten trug, die nun von der erwachten Empfindsamkeit der Jungen aufgenommen wurden.

Diese Theorie, nach der gewisse Ereignisse prägend auf die Umwelt einwirken, ist eine Hypothese, durch die sich recht gut bestimmte Spukgeschichten erklären lassen. Spukerscheinungen haben meist mit Personen zu tun, die starke Gefühlserlebnisse hatten — etwa in Verbindung mit Mord oder Folterung —, oder die gefühlsmäßig sehr stark mit dem betreffenden Ort verbunden waren. Es ist nicht anzunehmen, daß sie persönlich zurückkehren, um sich nochmals ermorden zu lassen, sondern eher, daß bestimmte Menschen, die auf der richtigen Wellenlänge sind, die Person oder das betreffende Ereignis erneut wahrnehmen können.

A. T. Schofield berichtet in seiner Autobiographie *Behind the Brass Plate,* wie er eines Tages mit einer gläubigen Frau, die das zweite Gesicht hatte, in ein Landhaus ging. Während sie in der Eingangshalle saßen, sprang die Frau plötzlich auf und rief ihm zu, er solle die beiden Männer aufhalten, die sie auf der einen Seite der Halle heftig miteinander ringen sah. Dr. Schofield konnte nichts erblicken, aber als die Gastgeberin erschien, nahm sie die ganze Sache gelassen auf und sagte, andere hätten schon dasselbe gesehen. Bei den beiden Männern handelte es sich um Vater und Sohn, die vor ungefähr 200 Jahren gelebt hatten.

Ich werde manchmal um biblische Beweise für diese Theorie der Prägung als Erklärung von Spuk gebeten. Ich habe keine, denn die Bibel spricht nie von Spuk. Wenn wir deshalb auf etwas stoßen, was wie Spuk aussieht — sei es nun harmloser oder gefährlicher Natur (wie bei Poltergeistern) —, können wir nur eine Hypothese aufstellen, die in sich logisch ist und nicht der Bibel widerspricht. Mit der Behauptung, Prägungen seien für manchen Spuk verantwortlich, haben wir eine vernünftige Theorie. Vermutlich sieht man das Geschehen so, wie man es vom gleichen Standpunkt aus gesehen hätte, als es sich zutrug. Es ist aber auch möglich, daß solch gelegentliches zweites Gesicht auf dem eingeprägten „Bild" beruht und tatsächlich die Gefühlsbewegungen der damals Beteiligten in uns hervorruft, wie wir es eben bei der Psychometrie beschrieben haben.

Gelegentlich wird eine solche Prägung noch zu Lebzeiten der ursprünglich Beteiligten von andern aufgenommen. Jemand, auf dessen Urteil ich mich verlassen kann, erzählte mir von einer mit dem zweiten Gesicht begabten Frau. Sie war zu Gast bei einer Familie, die sie zuvor nie getroffen hatte. Als sie aus dem oberen Stockwerk zum Essen herunterkam, schlug die Uhr sieben, und sie sah einen bärtigen Mann zur Haustür hereinkommen, während eine Schar Kinder aus einem der unteren Zimmer herausstürmte und sich ihm in die Arme warf. Im nächsten Augenblick war alles verschwunden. Es ergab sich, daß sie den inzwischen verstorbenen Großvater erblickte und eine Szene erlebte, wie sie sich früher, als seine Kinder noch klein waren, an jedem Abend zugetragen hatte. Wichtig ist diese Geschichte deshalb, weil der Großvater zwar tot, seine Kinder jedoch — oder jedenfalls die meisten von ihnen — noch als Erwachsene lebten.

Um nochmals auf die Geschichte der Jungen zurückzukommen: Es mag sehr wohl einen Mann namens Mercer gegeben haben, der eine Frau in jenem Keller ermordete; aber es ist kaum anzunehmen, daß sie von den Toten zurückgekehrt war, um durch das ouija-Brett zu sprechen.

Etwas anders verhält es sich mit dem Hugh Lane-Kommunikator. Es ist vielfach belegt, daß um die Todesstunde — oder in Krankheits- und Krisenzeiten — Menschen einem in der Ferne lebenden Verwandten oder Freund erschienen sind oder zu ihm gesprochen haben. Man erkennt die Tatsache an, aber der dahinter steckende Mechanismus ist verwirrend. Ich kann mir zwar sagen, daß mir mein Freund im Augenblick seines Ablebens erschienen ist, aber es war ja nicht nur mein Freund, der mir erschien, es waren auch die Kleider, die er zu der Zeit trug oder die ich an ihm gewöhnt war. Wenn der Geist persönlich da war, erschienen dann auch seine Kleider in geistiger Gestalt?

Man kann dieses Phänomen auf die verschiedenste Weise zu erklären versuchen. Am sinnvollsten erscheint mir die These, daß das Ganze vorwiegend auf Telepathie beruht: durch einen tiefinnern gedanklichen Kontakt zwischen mir und meinem Freund werde ich mir seiner Not bewußt. Das kann sich auf eine unerklärliche innere Unruhe beschränken; ausnahmsweise kann dieses Gefühl aber auch in meinem Bewußtsein Gestalt und Stimme des Freundes annehmen und als Person im Raum wahrnehmbar werden.

Diese Erklärung erscheint sinnvoll, wenn wir zudem an das Phänomen der Hypnose und der posthypnotischen Suggestion denken. Die Hypnose ist zu Sensationszwecken aufs gröbste mißbraucht worden. Heute wird sie selbst in der Psychiatrie weit weniger verwandt als früher. Aber nehmen wir an, ich wollte Sie hypnotisieren, und Sie wären ein gutes Objekt. Dann könnte ich Ihnen suggerieren, um 15.00 Uhr werde der Bundestagsabgeordnete Ihres Bezirks hereinkommen, sich neben Sie setzen und mit Ihnen über bestimmte Reformen sprechen. Dann würden Sie sich um 15.00 Uhr dieses Tages genauso verhalten, als ob alles geschähe, was ich Ihnen suggeriert habe. Der Abgeordnete würde Ihnen offensichtlich erscheinen, sich setzen und mit Ihnen sprechen.

Niemand kann genau sagen, wie die Hypnose vor sich geht. Aber es ist, als würde ich tief in Ihre Gedankenwelt eine bestimmte Vorstellung einpflanzen, die Ihr Gehirn dann in umgekehrter Richtung als gewöhnlich zurückwirft. Normalerweise regen Nervenimpulse von den äußeren Sinnesorganen her bestimmte Teile des Gehirns an, Bild und Ton zu produzieren; unter Hypnose nun werden diese Teile des Gehirns von innen her angeregt, die Illusion zu schaffen, daß tatsächlich eine Gestalt und Stimme im Raum seien. Solch eine Gestalt nennen wir eine Halluzination. Auch die Erscheinung des Geistes ist eine Halluzination, sie kann jedoch eine sogenannte „wahrheitsgetreue" Halluzination sein, wenn sie mit einer echten Situation oder Mitteilung übereinstimmt, die eine Person in der Ferne für sie zu schaffen sucht.

Kehren wir zum Bericht über den Tod von Hugh Lane zurück. Wenn ein Mitglied der Gruppe auf telepathischem Wege vom Tod des Freundes erfahren hatte, dann würde er dieses Wissen mit Hilfe des ouija-Bretts weitergeben. Die Tatsache, daß der Kommunikator später keine Informationen über den Zusatz zum Testament geben konnte, über den Streit entstanden war, läßt den Verdacht aufkommen, daß der wirkliche Hugh Lane nicht zugegen war.

Ferner drängt sich, wenn man den Bericht über diese Séance liest, eine Frage auf, die dem Berichterstatter offenbar entgangen ist. Er behauptet, alle Anwesenden — er selbst inbegriffen — hätten mit fest verbundenen Augen dagesessen, dann sei die Anordnung der Buchstaben wahllos verändert worden, und anschließend sei das Ganze mit einer Glasplatte zugedeckt worden. Das Brettchen auf dem Tisch aber „eilte daraufhin ein ums andere Mal ringsum, als wollte es das Glas polieren, und dann bewegte es sich langsamer, als ob es jeden Buchstaben des Alphabets prüfen wollte, und umrundete jeden Buchstaben, bis es die richtigen aufgespürt hatte." Die Mitglieder der Gruppe saßen mit verbundenen Augen um den Tisch herum. Dann aber drängt sich doch die realistische Frage auf: Wo waren die Augen des „Geistes"? Der Beschreibung nach müßten sie auf dem Zeiger am Brettchen gewesen sein, aber das ist natürlich absurd. Wenn andererseits der „Geist" wußte, was im Zimmer vorging, dann mußte er auch die Anordnung der Buchstaben kennen und brauchte nicht „ein ums andere Mal ringsum eilen" und „jeden Buchstaben des Alphabets prüfen" — es sei denn, Geister sind kurzsichtig. Zudem erhebt sich doch die Frage: Wie konnte der Berichterstatter wissen, was das Brettchen tat, und wie konnten die „blinden" Anwesenden wissen, welche Wörter er buchstabierte? Es gibt darauf nur eine Antwort: Es muß eine Person dabei gewesen sein, deren Augen nicht verbunden waren und die die Bewegungen des Brettchens registrierte. Wenn ein Geist zugegen war, muß er die Augen dieser Person gebraucht haben, um die Anordnung der Buchstaben festzustellen. Wenn es andererseits diese eine Person gab, die die Anordnung der Buchstaben kannte, dann konnte eben diese Person ebensogut der Kanal für die telepathischen Kräfte der gesamten Gruppe werden, und wir brauchen überhaupt keinen Geist mehr vorauszusetzen.

Falls hinter dem ouija-Brett und dem umgestülpten Likörglas nichts weiter als Gruppentelepathie steckt, dann klingt das alles recht harmlos. Ehe wir nun auf die Gefahren zu sprechen kommen, sollten wir die Möglichkeiten in Betracht ziehen, daß tatsächlich Geister beteiligt sind. Wir müssen bedenken, daß es sich, wie wir schon sagten, unter Umständen nicht nur um ein Entweder-Oder, sondern um ein Sowohl-Als-Auch handeln kann.

Es gibt Forscher, die ein Leben lang spiritualistische Phänomene untersucht haben und überzeugt sind, daß sich alles als Täuschung oder Telepathie und Hellsehen erklären läßt. Wenn wir nicht „alles", sondern „vieles" sagen, so kommen wir der Wirklichkeit wahrscheinlich recht nahe.

Der Durchschnittsbürger ist beeindruckt, wenn man ihm bei einer Séance etwas sagt, was nur er und der verstorbene Verwandte wissen konnten, oder wenn man ihn an etwas erinnert.

das er am selben Morgen getan hat, bevor er zu der Sitzung kam, oder wenn man ihm etwas voraussagt, was dann tatsächlich eintrifft. Er kümmert sich nicht weiter um folgerichtiges Denken, sondern nimmt diese Enthüllungen als Beweis hin, daß es wirklich sein Verwandter ist, der gesprochen hat. Die ersten beiden Informationen können jedoch auf Gedankenübertragung von Mensch zu Mensch — von ihm zum Medium — zurückzuführen sein. Was die dritte Information anbelangt, nimmt er irrtümlich an, daß an sich ein Geist die Zukunft kennen könne. Geister mögen die Zukunft kennen oder nicht, Tatsache ist, daß gewisse Menschen mit der Gabe des zweiten Gesichts ohne weitere Beihilfe dieselbe Art Voraussage machen können wie der angebliche Geist.

9. Die psychische Kraft

Wir haben uns mit einigen dem Menschen innewohnenden psychischen Fähigkeiten befaßt, die als Erklärung für mancherlei Erkenntnisse und Irrtümer bei Séancen gelten können, dürfen aber das Thema nicht abschließen, ohne noch einige weitere Bereiche des rein Psychischen zu untersuchen. So müssen wir uns zum Beispiel mit der Frage beschäftigen, wie es sich mit dem Einfluß der Vernunft (oder des Geistes) auf die Materie verhält.

Der Begriff „Vernunft" wird im folgenden in einem sehr weiten Sinne gebraucht, so daß er an manchen Stellen durch „Seele", „Verstand", „Sinn", „Denkvermögen" oder gar „Geist" ersetzt werden könnte. Mit „Vernunft" meinen wir unsere Fähigkeit, auf das, was unsere Sinne vermitteln, aufzubauen. Manche mögen sich wohl eine engere und traditionellere Definition wünschen. Da aber unter den Philosophen in diesem Zusammenhang so viel Uneinigkeit herrscht, wollen wir mit einer eher allgemein gehaltenen Feststellung auszukommen suchen.

Ein Wort, das in letzter Zeit bekannt geworden ist, heißt *Psychosomatik*. In der Medizin weist es darauf hin, daß es oft nicht genügt, allein den Körper zu behandeln, weil manche körperliche Krankheit durch ein gestörtes inneres Verhalten gefördert und genährt wird. Wir alle wissen, daß zwischen innerer Haltung und körperlichem Wohlbefinden oder Unwohlsein eine ständige wechselseitige Beziehung besteht. Gute Nachrichten wecken in uns eine heilende psychische Kraft, schlechte eine schädliche. Das ist die Alltagswahrheit, die etwa der „Christlichen Wissenschaft" zugrunde liegt. Unsere Psyche beeinflußt unseren materiellen Körper.

Wir alle kennen Menschen, die eine Atmosphäre des Wohlbefindens ausstrahlen, ohne auch nur etwas zu sagen oder zu tun. Viele Ärzte besitzen diese wohltuende Art. Bei manchen Menschen ist diese Atmosphäre so ausgeprägt, daß man geradezu von einer „natürlichen Gabe des Heilens" sprechen kann. Wie jede natürliche Fähigkeit, sollte man auch diese Gabe in Gottes Hand legen und von ihm gebrauchen lassen. Allzuoft wird sie jedoch mit Spiritismus vermischt.

Seit Mitte des letzten Jahrhunderts haben Experimente gezeigt, daß es Menschen gibt, die durch einen Willensakt die

Nadel eines Galvanometers oder ein Elektroskop beeinflussen können, wenn sie die Hand danach ausstrecken. Von solchen Menschen geht also offenbar eine psychische Kraft aus (andere sprechen von „Aura" oder „Odkraft").

In den Vereinigten Staaten ist in jahrelangen Experimenten nachgewiesen worden, daß sich mit Hilfe geistiger Konzentration lebende und tote Objekte beeinflussen lassen. Der Parapsychologe J. B. Rhine bewies aufgrund vieler Experimente, daß z. B. das Fallen eines Würfels — ob er nun von Hand oder maschinell geworfen wird — durch Konzentration beeinflußt werden kann. Konzentrierte sich eine Testperson ganz auf hohe Zahlen, dann ergaben die Würfel eine weit größere Anzahl hoher Zahlen, als durch Zufall erwartet werden konnte. Einen gewissen Erfolg ergaben auch die Versuche, mit bloßer Willenskraft Lebewesen dazu zu bringen, sich in einer bestimmten Richtung zu bewegen — etwa zu einer bestimmten Seite des Objektträgers unter einem Mikroskop hin.

Manche Menschen behaupten, sie hätten kleine Gegenstände unter Glas bewegen können. Andere untersuchen die sogenannten „grünen Finger", die das Gedeihen von Pflanzen zu beeinflussen scheinen. Ein neues Phänomen ist die Herstellung von Fotografien auf unbelichteten Filmen (Ted Serios in USA). Da ich weiß, welcher Schwindel früher mit sogenannten Geisterfotos getrieben wurde, habe ich mich eingehend mit der Sache befaßt, und ich muß sagen, ich bin doch recht beeindruckt. Seit Filme die Platten abgelöst haben, sind Geisterfotos aus der Mode gekommen. Platten ließen sich leicht manipulieren. Filme können nicht in derselben Weise gefälscht werden. Eine psychische Kraft allerdings, die wie Licht wirkt und auf einem unbelichteten Negativ Fotos von Objekten aufzeichnet, die gar nicht im Raum sind, öffnet neue und verwirrende Möglichkeiten.

Auch das Auffinden von Wasser und anderen Dingen hat wohl mit psychischen Kräften zu tun. Der Rutengänger mit seiner Wünschelrute oder anderem „Werkzeug" nimmt nicht bewußt wahr, wo das Wasser fließt, aber das Vorhandensein von Wasser macht sich durch ein unkontrollierbares Ausschlagen der Rute bemerkbar. Da die Rute allein nie ausschlägt, muß der Rutengänger selbst wohl den „Strom" für die „Radar-Rute" liefern, worauf diese auf das Kraftfeld reagiert, das von dem unterirdischen Wasser ausgeht. Die Wünschelrute schlägt aus, wenn sie sich dem Wasser am nächsten, d. h. unmittelbar darüber befindet. Es ist zwar vorgekommen, daß Rutengänger in Testen völlig versagt haben, ihre Erfolgsquote ist jedoch im allgemeinen so groß, daß bedeutende Gesellschaften sich ihrer bedienen, um Wasser ausfindig zu machen. (Wie bei anderen parapsychischen Phänomenen, so ist man auch in dieser Frage geteilter Meinung, inwieweit es sich beim Rutengehen um eine „natürliche Fähigkeit" handelt. Ein auf dem Gebiet des Okkultismus erfahrener Seelsorger sagt: „Wenn ein Wünschelrutengänger eine Erfüllung mit Gottes Geist erlebt, ist diese Fähigkeit verschwunden".)

Als wir die Telepathie besprachen, kamen wir zu dem Schluß, daß die Gedanken eines Menschen in einer tiefen Bewußtseinsschicht mit denen eines anderen in Verbindung treten können. Kann dieser Kontakt auch aktiv eingesetzt werden, können also die Gedanken des einen einen Einfluß auf die des anderen ausüben? Zauberei und Magie gehen von dieser Voraussetzung aus. Sie versuchen, psychische Kräfte zu mobilisieren, verbinden dies aber oft mit der Anrufung übernatürlicher Wesen. Hexerei ist durch die Jahrtausende hindurch in mancherlei Form praktiziert worden. Einzelne Männer und Frauen erbten oder entwickelten bei sich selbst die Fähigkeit, Menschen unter einen Bann zu bringen. Und heute ist das Verfluchen und Verwünschen sehr weit verbreitet. Hesekiel 13, 17—23 enthält eine Beschreibung von Frauen, die magische Armbänder und Schleier trugen, mit denen sie manche Menschen mit einem tödlichen Fluch belegen und andern das Gefühl persönlicher Sicherheit geben konnten. Solche Praktiken finden wir heute noch bei heidnischen Medizinmännern. Viele Todesfälle, die dabei eintreten, sind zweifellos auf Autosuggestion zurückzuführen, denn das Opfer weiß durch Zeichen auf seiner Türschwelle von dem Fluch, der auf ihm liegt. Das dürfte z. B. bei jenem Mitglied eines Bingo-Clubs der Fall gewesen sein, dem ein Kollege, ein Amateur-Handleser, erklärte, er könne in seiner Hand keine Zukunft für ihn erblicken. Vierzehn Tage später war der Mann tot. Ich habe den Eindruck, daß sein Tod mit mehr als 50prozentiger Sicherheit auf Autosuggestion zurückzuführen war.

Wo ein Fluch auf einen Menschen gelegt wird, kann zusätzlich zur Macht der Suggestion sehr wohl auch eine direkte psychische Einwirkung bestehen. Missionare stehen zweifellos oft einer fühlbaren finsteren Macht gegenüber, wenn der Medizinmann ihres Gebietes seine Kräfte gegen das Werk des

Herrn aufbietet. C. T. Studd war einmal bei einer Versammlung in Afrika unfähig zu sprechen. Die Zauberer hatten sich vereinigt, um ihn zum Schweigen zu bringen, und es gelang ihm erst nach größter Anstrengung, im Namen Jesu den Bann zu brechen.

In seinem Buch „Erfahrungen eines Exorzisten von heute" (London 1970) berichtet Donald Omand aus eigener Erfahrung von zwei Fällen, bei denen aus Stroh geflochtene Puppen Menschen darstellen sollten, auf die man einen Fluch legen wollte. Als Stecknadeln in die Puppe gesteckt wurden, erkrankten die betreffenden Personen. In dem einen Fall geschah es vermutlich durch Suggestion. Im andern handelte es sich um einen jungen Mann: Er starb plötzlich an Angina, ohne etwas von der Puppe zu wissen, die, mit einer Nadel im „Herzen", in seinem Zimmer versteckt worden war.

Eine andere Form von Hexerei erfährt heute durch Fernsehen und Radio eine gewisse Publizität. Man hat Frauen interviewt, die behaupten, sie seien Vorsteherinnen von Hexenorden. Der frühere Kurator des Volksmuseums auf der Insel Man, Gerald Gardner, behauptet in seinem Buch „Zauberei heute", Vorsteher eines solchen Ordens zu sein. Er bestreitet, irgendeine Beziehung zum Satanismus zu haben. Obwohl er nicht allzu deutlich werden durfte, geht aus seinen Beschreibungen hervor, daß es sich bei diesem Hexenkult um eine Form von absolut heidnischer Naturanbetung handelt, in deren Mittelpunkt eine Göttin ähnlich der babylonischen Ischtar steht. Auch hier wird mit psychischen Kräften gearbeitet. Die „Ordensbrüder", mit nacktem und eingeöltem Körper, vereinigen sich in einem Kreis, um Kräfte zu erzeugen, die sie sodann zu guten Zwecken auszustrahlen suchen.

Ich möchte an dieser Stelle nachdrücklich betonen, daß ich mit dem, was ich auf den vergangenen Seiten gesagt habe, keineswegs all diese Erscheinungen verharmlosen will. Ich möchte nur verhindern, daß alle Phänomene, die uns normalerweise unerklärlich erscheinen, sogleich in den Bereich des Okkulten verwiesen werden. Aber wenn sich auch manches durch psychische und parapsychische Kräfte des Menschen erklären läßt, so darf uns das nicht darüber hinwegtäuschen, daß diese Dinge in vielen Fällen mit okkulten Praktiken und Bindungen verknüpft sind.

Es gibt eine andere Form von Zauberei, die die Grenze zur schwarzen Magie überschreitet und oft Anlaß zu allen möglichen sexuellen Orgien ist. Von Zeit zu Zeit bringen die Tageszeitungen „Enthüllungen", die übertrieben sein mögen, deren Kern aber ohne Zweifel wahr ist. Dieser Hexenkult ist oft kaum verhüllte Satansverehrung. Ein Christ ist von der Bibel her überzeugt, daß Gott letztlich alles in der Hand hat, mag er Satan und den Menschen auch noch soviel Freiheit zugestehen. Jesus Christus hat, wie wir schon sahen, einen absoluten Sieg errungen. Wer die Bibel nicht anerkennt, kann freilich mit der Hypothese spielen, daß der Gott der Christen nicht so stark sei, wie er zu sein vorgibt, und daß Satan, wenn er nur genügend Anhänger habe, schließlich triumphieren werde. Von rein menschlicher Warte aus betrachtet gibt es in der heutigen Welt vieles, was diese Ansicht stützen könnte.

So wenden sich manche Menschen dem Satanismus zu und fordern Gott heraus, indem sie Dinge entweihen, die zum christlichen Gottesdienst gehören, z. B. Brot und Wein des Abendmahls oder Kerzen und kirchliche Gewänder. Die parodierende Nachahmung christlicher Gottesdienste und Gebete gehört zu ihren Zeremonien. Sie entweihen Kirchhöfe, und bisweilen werden sie verdächtigt, Ritualmorde zu begehen. Es erscheint fraglich, ob bei den meisten dieser Zusammenkünfte viel psychische Kraft freigesetzt wird, aber sie sind zweifellos Kanäle, die eine gefährliche Atmosphäre des Bösen in die Welt von heute leiten.

Daneben gibt es die Welt der wirklichen Magie. Die Bibel spricht von ägyptischen Magiern, die ähnliche Wunder zustande brachten wie Mose und Aaron, allerdings nur bis zu einem gewissen Punkt (2. Mose 7, 10—12.22; 8, 7.18). Der bekannteste der modernen Magier war Aleister Crowley, der 1947 starb. Seine Bücher werden noch immer zu hohen Preisen verkauft, aber sein moralisches Verhalten und seine Gotteslästerung waren in jeder Hinsicht erschreckend.

Andere Magier hingegen betrachten moralische Integrität als notwendige Voraussetzung ihres Erfolges. In ihrer Entwicklung gleichen sie oft gewissen Mystikern. Allerdings besteht zwischen ihnen ein grundlegender Unterschied: der Mystiker sucht Gott; der Magier sucht lediglich göttliche Dinge. Der Magier bemüht sich um ein umfassendes Verständnis seiner eigenen Einheit mit dem „universellen Lebensprinzip", um so die Kraft zu bekommen, bewußt im Strom der Schöpfung mitzuschwimmen und, als Teil dieses Stromes, ihn zu lenken — beinahe, als wäre er Gott. Damit sind wir wieder beim Bereich der psychischen Kräfte angelangt. Allerdings kann der Magier auf seinem Weg nach oben niederen oder höheren übersinnlichen Wesen begegnen, sie gebrauchen oder sich untertan machen. Kolosser 2, 16—23 ist in diesem Zusammenhang höchst aufschlußreich, denn dieser Abschnitt zeigt indirekt, welche Disziplin nötig ist, um Kontakt mit Engeln und Geistern zu bekommen. Beachten wir aber auch, daß Paulus seine Leser ja gerade davor warnt, diesen Kontakt zu suchen. Sie sollen sich stattdessen ganz zu Jesus Christus hinwenden.

Wir glauben also, daß es einen Bereich aktiver psychischer Kräfte gibt, durch die gewisse Menschen einen unsichtbaren Einfluß ausüben können, der weit über den Wirkungsbereich ihrer körperlichen Sinne hinausreicht. Dabei brauchen keinerlei Geisterwesen im Spiel zu sein. Möglicherweise nehmen diese Menschen ihrerseits Einflüsse von anderen Personen auf, sowie von Kräften, die im Universum vorhanden sind. Die Naturwissenschaft weiß heute, daß die „Bausteine" des Universums nicht starre Blöcke sind, sondern lebendige Energie. Vielleicht ist diese Energie mehr als eine physikalisch meßbare Größe; vielleicht ist sie irgendwie mit dem Geist des Menschen verwandt.

Wenn das stimmt, erhebt sich natürlich die Frage: Sollte dann nicht jeder bei sich selbst die Fähigkeit ausbilden, diese Energien zu handhaben und sich ganz davon durchdringen lassen? Darauf gibt es vor allem eine ganz praktische Antwort. Menschen, die diese Fähigkeit bewußt pflegen, neigen allzuleicht zum Bösen — wie die schwarzen Magier —, oder sie werden machtbesessen — wie andere Magier und Hexenmeister — oder pantheistisch bzw. atheistisch — wie die Anhänger gewisser Yoga-Richtungen, die die persönliche und unpersönliche innere Welt erforschen, ohne den Blick zu dem über allem stehenden Gott zu erheben.

Allerdings mag der Christ, der seine umherschweifenden Gedanken zähmen und meditieren will, um Gott besser kennenzulernen, gewisse Methoden anwenden, die eine Ähnlichkeit mit denen der Okkultisten haben. Aber Zweck und Ziel sind doch grundverschieden. Wenn also der Christ von den Methoden anderer lernt, ist es nicht sein Ziel, psychische Kräfte zu manipulieren. Damit würde er ja die Sünde wiederholen, die im Essen vom Baum der Erkenntnis des Guten und Bösen bestand, in der Hoffnung, wie Gott zu werden (1. Mose 3, 5). Wenn Gott die schlummernden psychischen Kräfte eines Menschen gebrauchen will, wird er das natürlich tun. Wir bringen uns aber nur selbst in Schwierigkeiten, wenn wir versuchen, sie auf eigene Faust und für unsere eigenen Ziele zu gebrauchen. Vereinzelte christliche Mystiker haben zwar eigenartige physikalische Phänomene erlebt, so etwa, daß ihre Körper frei im Raum schwebten, aber diese Wunder erfolgten beiläufig und waren nicht um ihrer selbst willen begehrt worden. Vielleicht gehört auch die Entrückung des Philippus, wie sie in der Apostelgeschichte geschildert wird, hierher.

Wir brauchen uns nicht vor der Meditation zu scheuen, vorausgesetzt, sie wird richtig gelenkt. Im Grunde sollte Meditation zu unserer täglichen Stille mit Bibel und Gebet gehören. Mißbraucht wird sie erst da, wo der Geist sich passiv verhalten und uneingeschränkt alles in sich aufnehmen darf, was nur immer aus der Tiefe des Ichs aufsteigen mag — wie es etwa bei einem LSD-Trip der Fall ist. Die christliche Meditation ist in der Offenbarung Gottes in der Bibel verankert. Bei einer solchen Meditation kann ich z. B. Christus als das Brot des Lebens, das Wasser des Lebens oder den Weg zum Vater betrachten; oder ich kann mich ganz von einem Vers des jeweiligen Tagesabschnitts durchdringen lassen. Bei unserer Meditation geht es uns im allgemeinen um die Gemeinschaft mit Gott. Im Unterschied zu östlichen Mystikern meditieren wir als Christen nicht über eine Einheit mit einem unbekannten, immanenten Gott, sondern mit einem Gott, der uns in und durch Jesus Christus und seinen Tod am Kreuz und durch den Heiligen Geist, der in uns wohnt, bekannt und lieb ist. Der Kern christlicher Meditation ist in Epheser 2, 18 zusammengefaßt: „Durch Jesus Christus haben wir Zugang in *einem* Geist zum Vater." Welche Techniken wir auch anwenden mögen, um unseren Körper und unsere Gedanken zur Ruhe zu bringen, wir bezwecken damit, die Worte der Heiligen Schrift in unserem Innersten so lebendig werden zu lassen, daß wir sie in kraftvolles Leben umzusetzen vermögen.

10. Die Bibel und die Geister

Wir sind nun an eine Grenzlinie gelangt. Manche würden gern bei der Hypothese haltmachen, daß psychische Kräfte die Erklärung für alle okkulten Phänomene seien. Andererseits neigen viele Christen zum anderen Extrem und schreiben alles bösen Geistern zu. Lassen Sie mich klarstellen: Selbst wenn sich alle okkulten Phänomene durch natürliche psychische Kräfte erklären ließen, so wäre doch deshalb nicht jeder Gebrauch psychischer Gaben harmlos. Wir werden später einige Gründe dafür nennen und verweisen an dieser Stelle nur auf das Buch von Kurt Koch, „Seelsorge und Okkultismus", das viele Beispiele bringt. Kurt Koch nennt viele Fälle, in denen nicht nur direkten Versuchen, Verbindung mit Geistern aufzunehmen, finstere Angriffe folgten, sondern sogar im Anschluß an scheinbar so harmlose Dinge wie Handlinienlesen und Zauberformeln aufsagen.

Uns geht es hier im Augenblick um Indizien für ein unmittelbares Eingreifen von Geistern, wobei wir allerdings die Möglichkeit nicht ausschließen wollen, daß diese Geister sich der natürlichen psychischen Kräfte eines Menschen bedienen können. Wenden wir uns zunächst einmal an die Bibel.

Ein Christ muß dem, was die Bibel über die Kommunikation mit dem Reich der Geister sagt, größte Beachtung schenken. Nun läßt sich aber nicht leugnen, daß sich die Bibel nachdrücklich gegen jeden Vorstoß in diese Richtung wendet. Und wie ernst sie diese Frage nimmt, das zeigt sich an den vielen Stellen, in denen sie davon spricht.

Im Alten Testament finden wir zwei häufig wiederkehrende Ausdrücke: *ob* und *yiddeoni*. Der Sinn von *ob* ist ungewiß, doch bedeutet ein ähnliches arabisches Wort „zurückkehren". Es ist nahezu sicher, daß das zweite Wort mit dem hebräischen Zeitwort für „wissen" verwandt ist. Die Art, in der diese beiden Wörter verwendet werden, läßt darauf schließen, daß sie sich auf einen sich mitteilenden Geist beziehen.

3. Mose 19, 31: „Ihr sollt euch nicht an die Totengeister *(ob)* und an die Wahrsagegeister *(yiddeoni)* wenden. Ihr sollt sie nicht befragen und euch so an ihnen verunreinigen."

3. Mose 20, 6: „Wenn sich jemand an die Totengeister und Wahrsager wendet und sich ihnen hingibt, so werde ich mein Angesicht wider einen solchen wenden und ihn aus seinem Volk ausrotten."

3. Mose 20, 27: „Wenn in einem Mann oder Weib ein Totengeist oder Wahrsagegeist ist, so sollen sie getötet werden."

5. Mose 18, 10—12: „Es soll in deiner Mitte kein Wahrsager, Zeichendeuter, Schlangenbeschwörer oder Zauberer, kein Bannsprecher oder Geisterbeschwörer gefunden werden, keiner, der Wahrsagegeister befragt oder sich an die Toten wendet. Denn ein Greuel ist dem Herrn ein jeder, der solches tut . . ."

1. Samuel 28, 3: „Saul hatte das Land von den Totenbeschwörern und Wahrsagern gesäubert."

1. Samuel 28, 7: „Suchet mir ein Weib, das Macht hat über Totengeister, daß ich zu ihr gehe und sie befrage . . . Ein Weib, das Macht hat über Totengeister, gibt es in Endor."

1. Samuel 28, 8: „Wahrsage mir doch durch den Totengeist und bringe mir den herauf, den ich dir nenne."

1. Chronik 10, 13.14: „Also starb Saul . . ., weil er einen Totengeist befragt hatte, um eine Offenbarung zu bekommen, beim Herrn aber nicht Rat geholt hatte; darum ließ er ihn umkommen."

2. Könige 21, 6: „Manasse . . . hielt Totenbeschwörer und Wahrsager."

2. Könige 23, 24: „Die Totenbeschwörer und Wahrsager . . . rottete Josia aus."

Jesaja 8, 19.20: „Wenn sie zu euch sagen: Befrage die Totengeister und Wahrsagegeister, die da flüstern und murmeln! soll nicht ein Volk seine Ahnengeister befragen, die Toten für die Lebendigen? — Zur Weisung und zur Offenbarung! Wenn sie nicht also sprechen, gibt es für sie keine Morgenröte."

Jesaja 29, 4: „Dann wirst du, tief unten am Boden liegend, reden und, in den Staub gesunken, eine bescheidene Sprache führen, und deine Stimme wird wie die eines toten Geistes aus der Erde hervorkommen und deine Rede aus dem Staube heraus flüstern."

Wenn wir diese Stellen genau betrachten, dann haben wir den Eindruck, daß *ob* und *yiddeoni* Namen von kommunizierenden Geistern sein können. Da *ob* zuweilen für sich allein steht, während *yiddeoni* immer mit *ob* zusammen genannt wird, scheint es vernünftig, *ob* als den beherrschenden Geist zu betrachten und *yiddeoni* als andere Geister, die vom Beherrschenden herbeigerufen werden. Die meisten Medien unserer Zeit stehen anscheinend unter der Kontrolle von ein oder zwei Geistern.

An den alttestamentlichen Stellen, die von der Säuberung des Landes von *ob* und *yiddeoni* sprechen (1. Samuel 28, 3 und 2. Könige 23, 24), müßten die beiden Wörter wohl mit „Medien" übersetzt werden. Zwar wird an den beiden Stellen ein unterschiedlicher Ausdruck für „säubern" verwandt, der Sinn ist jedoch derselbe. Die ursprüngliche Bedeutung ist leicht verständlich: Man säubert ein Land tatsächlich von den Geistern, wenn man es von den Medien säubert, die ihre Vermittler sind.

Interessant ist auch der Hinweis auf die Stimme des Geistes (Jesaja 8, 19: „flüstern und murmeln"), denn die Veränderung der Stimme ist ein Merkmal des Mediums in Trance.

Unbestreitbar verurteilt das Alte Testament aufs schärfste jeden Versuch, Kontakt mit den Verstorbenen aufzunehmen. Das Gesetz, die geschichtlichen Bücher und die Propheten sind sich darin einig. Und gibt es auch nur den geringsten Hinweis, daß das Neue Testament dieses Verbot aufheben würde?

Über das Urteil der Bibel über den Spiritismus diskutierte ich einmal öffentlich mit einem Pfarrer, der zu den sogenannten „christlichen Spiritisten" gehörte (sie selbst nennen sich „Spiritualisten"). Leider kamen wir gar nicht richtig ins Gespräch, denn er brachte immer wieder das Argument vor, daß die Urgemeinde mit ihren inspirierten Propheten, Zungenrednern und Heilern bereits die psychischen Phänomene der modernen Séance gekannt habe. Ich hingegen behauptete, das habe nichts mit Kontakt zu Verstorbenen zu tun gehabt, was doch die Substanz des Spiritualismus ausmacht.

Darum geht es auch in unserem Zusammenhang hier. Das einzige biblische Beispiel, das entfernt an eine Séance erinnern könnte, ist die Verklärung Jesu. Aber dieses einmalige Ereignis auf der Bergeshöhe ist doch völlig verschieden von wiederholten Séancen in verdunkelten Räumen! Außerdem wurde den Jüngern nicht gesagt, sie sollten „hingehen und desgleichen tun", wie bei anderen Gelegenheiten.

Das Schweigen des Neuen Testaments ist ein beredtes Schweigen. An zwei Stellen befaßt sich Paulus mit der Haltung der noch lebenden Christen gegenüber verstorbenen Freunden und Verwandten (1. Thessalonicher 4, 13—18 und 1. Korinther 15, 17—25). Hätten die ersten Christen Spiritismus praktiziert, dann hätte Paulus bestimmt die Verbindung betont, die lebende Christen in ihren Gottesdiensten mit den Verstorbenen haben konnten. Aber nein, er tröstet die Trauernden, indem er sie daran erinnert, daß ihre Lieben in Christus sind und daß die Auferstehung Jesu Christi die Garantie für ihre Auferstehung ist.

Die Spiritualisten berufen sich immer wieder auf den Befehl, wir sollten die Geister prüfen (1. Johannes 4, 1). Wir werden später in 1. Johannes 4, 1—3 und 1. Korinther 12, 3 untersuchen, welcher Art diese Prüfung zu sein hat. Doch hier schon können wir festhalten, daß der Zweck der Prüfung nicht darin besteht, zu entscheiden, ob der Kommunikator ein irreführender Geist oder, um ein Beispiel zu nennen, Ihr Großvater ist, sondern ob es ein böser Geist oder der Heilige Geist Gottes ist. Kein anderer als der Heilige Geist inspiriert einen echten Propheten: Botschaften von einem verstorbenen Juden oder Christen stehen gar nicht zur Diskussion. Das unterscheidet den Propheten Gottes vom Medium.

Es läßt sich einfach nicht leugnen, daß Gott in der Bibel jeden Versuch, durch Medien Verbindungen zur jenseitigen Welt herzustellen, eindeutig verboten hat. Das schließt offenkundig auch alle Versuche ein, mittels Likörglas oder Tischrücken Vorstöße auf eigene Faust zu unternehmen. Dafür gibt es mindestens drei mögliche Gründe:

Erstens: die Botschaften, die die Hinterbliebenen erhalten, werden zu einem großen Teil durch Telepathie und Hellsehen von ihnen selbst erzeugt. So fallen sie unbewußt einer Selbsttäuschung zum Opfer.

Zweitens: Die Bibel ist nicht daran interessiert, Beweise für ein Weiterleben nach dem Tode zu erbringen. Das könnte uns von der dringenden Notwendigkeit ablenken, hier und jetzt als Christen zu leben. Denn die spiritistischen Botschaften wollen uns glauben machen, daß das Leben nach dem Tode mit Essen, Trinken, Kleidung, Konzerten und Lektüre in ganz ähnlicher Weise weitergeht wie bisher. In der Bibel geht es um das ewige Leben in Christus, und das ist weit mehr als ein bloßes Weiterleben nach dem Tode. Es ist ein qualitativ völlig anderes Leben, in dem wir im tiefsten mit Gott selbst verbunden sind, weil wir im Kern unseres Wesens von Jesus Christus durchdrungen sind. Wenn Jesus sagt: „Ich bin gekommen, damit sie Leben im Überfluß haben" (Johannes 10, 10) und: „Ich bin die Auferstehung und das Leben" (Johannes 11, 25), dann will er uns mit diesen Worten nicht bloß versichern, daß wir den Tod überleben werden. Nein, das ewige Leben ist sein Geschenk an die, die zu ihm kommen und ihm angehören wollen (Johannes 10, 27–30). Deshalb können uns die Tröstungen einer Séance sogar blind machen für die Frohe Botschaft von Jesus Christus.

Drittens: Es gibt Forscher, die zwar einerseits spiritistische Sitzungen als lächerlich abtun, die aber andererseits von fortgeschrittenen Geistern eine Philosophie des Alls erlernen möchten. Die Mitteilungen bekommen sie durch gebildete Medien, manchmal auf dem Wege des sogenannten automatischen Schreibens. Ich habe eine Anzahl solcher Mitteilungen gelesen, und ich kann verstehen, warum die Bibel sie verbietet. Diese Botschaften leugnen ausnahmslos die Gottheit Jesu Christi (außer in dem unbiblischen Sinn, daß wir ohnehin alle Söhne Gottes seien) und seinen Sühnetod. Genau das aber sind die einmaligen Tatsachen der Offenbarung Gottes im Neuen Testament, und wenn diese preisgegeben werden, ist das Christentum nichts weiter als eine der großen Weltreligionen.

Pfarrer Stainton Moses, ein bedeutendes Medium des vorigen Jahrhunderts, kann uns zur Warnung dienen: Aus seinen Aufzeichnungen geht deutlich hervor, wie die Geister ihn nach und nach von den Grundlagen des christlichen Glaubens weggezogen haben. Die Alternative, die die Geister in ihren Botschaften anbieten, sind ein guter Sittenkodex, ein unbekannter Gott und (in manchen Botschaften) eine Reihe von Wiederverkörperungen. Daneben ermuntern sie die Anwesenden, aufwärts zu streben. Wir haben also zu wählen zwischen dem klaren neutestamentlich-christlichen Glauben, nach dem die Christen zu allen Zeiten gelebt haben, und einer Form der Theosophie. Sie bilden völlig gegensätzliche Zugangswege zum Sinn des Lebens, und wenn der eine richtig ist, muß der andere falsch sein.

Es ist bemerkenswert, daß die Bibel angebliche Geister-Äußerungen daran mißt, was über Jesus Christus gesagt wird. Der Test in 1. Korinther 12, 2.3 ist allgemeiner Art: „Niemand, der durch den Geist Gottes redet, kann sagen: ‚Verflucht sei Jesus!' und keiner vermag zu sagen: ‚Jesus ist der Herr', außer durch den Heiligen Geist." Hier haben wir zwei Extreme: Völlige Ablehnung Jesu und höchste Ehrfurcht vor ihm. Da das griechische Wort für „Herr", kyrios, in der griechischen Übersetzung des Alten Testaments oft das Wort Jehova oder Jahwe repräsentiert, kann es in diesem Zusammenhang „Herr Gott" bedeuten, wie Johannes 20, 28 und Philipper 2, 11. Sicher ist das allerdings nicht.

Der zweite Test — 1. Johannes 4, 1—3 — ist besonders wichtig im Zusammenhang mit der theosophischen Lehre. „Daran könnt ihr den Geist Gottes erkennen: jeder Geist, der bekennt, daß Jesus der im Fleisch erschienene Messias sei, der ist von Gott her. Und jeder Geist, der Jesus nicht so bekennt, ist nicht von Gott her; das ist vielmehr der Geist des Widerchrists."

Die Theosophie spricht allgemein von dem Christus in jedem Menschen und behauptet, der Mensch Jesus sei völlig von dem Christus beherrscht gewesen. Dieselbe Ansicht wurde zur Zeit des Johannes von einigen Leuten vertreten. Es geht deshalb bei unserem Test in erster Linie um die Frage nach der völligen Menschwerdung Jesu Christi — im Gegensatz zum Kommen Christi im Menschen Jesus. Das wird deutlich in der Zürcher Übersetzung, der eine andere Handschrift zugrunde liegt. Dort lautet der Vers 3: „Und jeder Geist, der Jesus zunichte macht, stammt nicht von Gott ..." — damit dürfte gemeint sein: Jeder Geist, der Jesus von Christus trennt.

Es erscheint sinnvoll, diesen Abschnitt mit 1. Johannes 5, 6 in Verbindung zu bringen: „Dieser ist es, der durch Wasser und Blut gekommen ist, Jesus Christus, nicht im Wasser allein, sondern im Wasser und Blut." Die meisten Ausleger sind der Meinung, das „Wasser" beziehe sich auf das Wasser der Taufe im Jordan, wo Jesus zum Messias (Christus) erklärt wurde. Johannes tritt hier der Irrlehre entgegen, daß zu diesem Zeitpunkt der Christus auf den Menschen Jesus herniedergekommen sei und daß darin die Inkarnation bestanden habe. Die Christen erkannten ganz richtig, daß dies keine echte Inkarnation gewesen wäre, sondern lediglich eine Steigerung dessen, was schon die Propheten erlebt hatten: daß die Kraft oder der Geist Gottes über sie kam.

Manche Ausleger glauben, das „Blut" beziehe sich auf den Sühnetod Jesu, einige haben wohl auch die Auffassung vertreten, der Christus habe sich vor der Kreuzigung von dem Mann Jesus zurückgezogen. Ich selbst meine, daß das „Blut" sich hier auf die Geburt bezieht, wie in Johannes 1, 13. Dort sagt Johannes von den Christen, daß sie von Gott geboren sind, „nicht aus Blut, noch aus Fleischeswillen, noch aus Manneswillen" — drei Ausdrücke, die die natürliche Geburt beschreiben. Da die Irrlehre, mit der sich der 1. Johannesbrief auseinandersetzt, zweifellos mit der wirklichen Menschwerdung Jesu Christi zu tun hatte, muß „Wasser" und „Blut" wohl bedeuten: Die Sohnschaft Jesu Christi ist nicht nur die messianische Sohnschaft, wie sie in der Taufe beim Antritt seiner messianischen Mission verkündet wurde, sondern der Sohn Gottes ist in einer echten Inkarnation auf dem Wege menschlicher Geburt in diese Welt gekommen.

Das ist also der Prüfstein, an dem die Geister, die nicht von Gott sind, scheitern werden. Sie werden nicht bekennen, daß Jesus Christus, der ewige Sohn Gottes, im Fleisch — oder ins Fleisch — gekommen ist.

In allen mir bekannten Fällen, in denen den Geistern bei Séancen diese Frage gestellt wurde, wurde die Gottheit Jesu Christi und seine Inkarnation abgestritten — oder es kam gar nicht erst zur Kommunikation.

11. Wo Geister im Spiel sind

Das eben Gesagte dürfte uns klar machen, weshalb die Bibel jeden Versuch, Geister zu befragen, entschieden ablehnt. Entweder wir erhalten Botschaften, die, aufgrund telepathischer oder psychometrischer Fähigkeiten, bloß unserem eigenen Herzen entspringen; oder, wenn wir an Beschreibungen der zukünftigen Welt oder an religiösen und philosophischen Informationen interessiert sind, erweisen sich die Botschaften als geschickt getarnte Angriffe gegen die Einmaligkeit der christlichen Offenbarung. Jesus Christus wird vielleicht die hohe Position zuerkannt, die ihm Satan bei der Versuchung in der Wüste anbot, die er aber abwies (Matthäus 4, 8—11). Niemals wird er jedoch die einzigartige Position erhalten, die er in den Augen seines Vaters hat: der einzige Sohn, „wahrer Gott und wahrer Mensch", der am Kreuz und in seiner Auferstehung und Erhöhung triumphiert hat (Philipper 2, 5—11). Er ist nicht der Christus, den Johannes im Himmel erblickte (Offenbarung 1 und 5). Wir haben zu wählen zwischen Jesus Christus, wie er sich uns im Neuen Testament zeigt, und den verschwommenen Lehren geschickter Geisterkommunikatoren.

In diesem Kapitel wollen wir uns einmal mit weiteren Geistererscheinungen befassen und ferner fragen, inwiefern Geister uns auch von innen her beeinflussen können. Beginnen wir mit den Poltergeistern.

Poltergeister setzen Gegenstände in Bewegung, und der Lärm, den sie dabei veranstalten, hat meist mit dem Aufschlagen der Gegenstände zu tun, die sie verrücken.

Gewiß müssen wir manche Berichte über die Tätigkeit von Poltergeistern ausschalten, da sie sich hinterher als geschickt getarnte Kinderstreiche entpuppten. In anderen Fällen waren die Erschütterungen auch auf unterirdische Ströme, auf den Straßenverkehr oder auf Ratten und Mäuse in den Wänden zurückzuführen. Aber nach Ausschalten aller solcher Fälle ist es doch auffallend, daß im Lauf der Jahrhunderte ähnliche Phänomene aus allen Teilen der Welt berichtet worden sind. Ein Wissenschaftler hat rund 320 Fälle zwischen den Jahren 530 und 1935 untersucht; er kommt zu dem Schluß, daß sich 278 dieser Ereignisse nicht auf Grund von Naturgesetzen erklären lassen.

Eine noch größere Zahl nennt Harry Price in „Poltergeist über England". Poltergeister, so stellte er fest, beunruhigen nicht nur primitive Völker, sondern treten auch regelmäßig in hochzivilisierten Ländern auf. Die äußeren Merkmale sind immer ähnlich: Möbel und andere Haushaltsgegenstände werden umhergeschoben, Geschirr und Steine herumgeworfen, manchmal ganz langsam und um Ecken herum; gelegentlich wird Bettzeug weggerissen, es wird an den Betten gerüttelt, ja diese werden sogar umgeworfen. Zuweilen wird Feuer entzündet. Bei alledem wird selten ein Hausbewohner verletzt. In einem Fall freilich, von dem mir kürzlich ein Pfarrer berichtete, sauste eine Wärmflasche durch die Luft und traf den Hausvater.

Ein Beispiel, das uns als Christen interessieren muß, ist der Poltergeist im Haushalt von John Wesley, als dessen Vater Rektor in Epworth war. In einem Anhang zu seiner Wesley-Biographie gibt Southey Berichte und Briefe über diese Ereignisse wieder. Das Haus wurde Tag und Nacht gestört durch Geräusche, Trampeln, Rütteln an Geschirr und Betten, wobei aber nichts von seinem Platz gerückt wurde. Besonders laut war der Lärm bei den Familienandachten während der Fürbitte für die königliche Familie. Die Kinder gaben dem geheimnisvollen Wesen den Namen Old Jeffery.

Es fiel der Familie auf, daß die kleine Hetty Wesley manchmal kurz vor Beginn der Störaktionen im Schlaf zusammenzuckte. Das erinnert an andere Erscheinungen von Poltergeistern, bei denen jemand im Mittelpunkt der Aktionen zu stehen scheint. Es kann ein Kind sein, ein Teenager oder eine ältere Person, die eine Zeit starker Anspannung durchlebt. Es ist erwiesen, daß das Auftreten von Poltergeistern mit einem körperlichen Zusammenbruch in Verbindung stehen kann. Haben wir es folglich wieder mit psychischen Kräften zu tun? Mag sein. Aber es ist fast sicher, daß in einem solchen Fall die freiwerdenden Energien von einem geistigen Wesen aufgenommen und gelenkt werden. Beweis dafür ist, daß ein Poltergeist meistens durch Beten und Gebieten im Namen Jesu ausgetrieben werden kann. In dieser Weise wird der unsichtbare Geist vertrieben und die Räume eines Hauses gereinigt. Allerdings wird die Person, von der die Kräfte ausgehen, natürlich Rat und Hilfe brauchen, um die verdrängten Probleme zu lösen, die zur Freisetzung der Energien geführt haben.

Ein Pfarrer berichtete mir vor kurzem über einen schwierigen Fall, bei dem er und die betroffene Familie erschreckende Geräusche und das Umherschieben von Gegenständen und Möbeln erlebt hatten. Anfangs hatte das Gebet und der Versuch, das Haus in geistlicher Hinsicht zu reinigen, keine Wirkung. Im Gegenteil, die Phänomene nahmen zu. Nach weiterem Gebet hörten sie zeitweilig auf, um aber anschließend wiederzukehren. Die Geschichte fand ein höchst ungewöhnliches Ende: Der Geist entschuldigte sich bei der Familie und bat um Fürbitte! Sie fragten ihn, ob er zu Jesus gehen wolle, und er sagte ja. Nachdem die Familie einige Minuten lang intensiv gebetet hatte, spürten alle, wie die Atmosphäre rein wurde, und der Geist verließ sie. Der Wandel wurde sogar vom Hund empfunden. Er war vorher oft unruhig gewesen und hatte nicht ins obere Stockwerk gehen wollen. In ähnlicher Weise hatte auch der Hund der Wesleys die Anwesenheit von „Old Jeffery" gespürt.

In diesem Fall gab es drei wichtige Faktoren. Ein junger Mann im Hause schien das Zentrum zu sein, dem Kräfte entzogen wurden. Außerdem war die Tochter ziemlich aus dem Gleichgewicht geraten, als sie sich zwei Jahre zuvor mit Spiritismus eingelassen hatte. Im Nachbarhaus hatte jemand Selbstmord begangen, und man war dabei, das Haus abzureißen. Seltsamerweise nannte der Geist vor seinem Verschwinden dem Mädchen seinen Namen — denselben Namen hatte ein Geist genannt, als sich das Mädchen noch spiristisch betätigt hatte.

Eine gläubige Frau schickte mir einen Zeitungsbericht über das Auftreten eines Poltergeistes in einem englischen Pfarrhaus. Der Bericht stammte aus dem Jahre 1952, und meine Informantin verbürgte sich für seine Wahrheit, da sie selbst mit mehreren Christen dem Pfarrer und seinem Vikar im Gebet beigestanden hatten. Auch hier hatten die Störungen erst nach wochenlangem Ringen aufgehört. Der Pfarrer war aus dem Bett gerissen worden; er und sein skeptischer Kirchenvorsteher sahen, wie eine schwere Kommode verschoben wurde; Glocken läuteten, und unheimliches Geheul ertönte.

Ein Pfarrer schickte mir die Abschrift eines Berichtes, den er an die „Society for Psychical Research" gesandt hatte. Er war zu einer Familie gerufen worden, bei der in einem Dachzimmer Gegenstände herumgeschoben und anders wieder hingestellt wurden. Der Hausherr sah, wie ein Besen, den er nach oben getragen hatte, sich erhob und quer durchs Zimmer schwebte. In diesem Fall war die junge Tochter der Familie ein nervöses und sensibles Mädchen, und die Frau litt an Depressionen. Bei einer späteren Gelegenheit, als der Pfarrer und ein Arzt die Nacht in diesem Haus verbrachten, beobachteten sie, wie die Frau schlafwandelte und Dinge verschob. Sie konnte also zweifellos durch ihre Veranlagung für einen Teil der Phänomene verantwortlich sein. Bei anderen Gelegenheiten jedoch war die Frau bei ihrem Mann, als Dinge umhergeschoben wurden. Jedenfalls kann ihr gestörter Zustand sehr wohl das auslösende Moment für die psychische Kraftentfaltung gewesen sein. Vielleicht ist auch die Tatsache von Bedeutung, daß 14 Tage vor Beginn der Unruhen die Tante des Mannes gestorben war.

Ich habe mich wiederholt mit einem anglikanischen Mönch unterhalten, der in praktischen Begegnungen mit den Mächten des Bösen viele Erfahrungen gesammelt hat. In einem privat gedruckten Blatt über Exorzismus hat er dem Austreiben von Geistern aus Räumen und Orten einen eigenen Abschnitt gewidmet. Er behauptet, daß die folgenden Phänomene für die Wirksamkeit böser Geister den Boden bereiten:

a) Die Aktivität von Poltergeistern, verursacht durch die psychischen Kräfte eines Menschen mit einem unbeherrschten Unterbewußtsein, durch den Einfluß von Magiern, oder möglicherweise durch einen boshaften Geist.

b) Spuk, von schwarzen Magiern vorsätzlich veranlaßt.

c) Dämonische Einwirkungen, oft als Folge regelmäßiger Séancen, zuweilen aber auch an christlichen Stätten, die entweiht wurden, oder an altheidnischen Stätten der Magie. Manches deutet darauf hin, daß es noch alte Verbindungslinien zwischen heidnischen Magie-Zentren quer durch das ganze Land gibt, und die heutigen Magier bemühen sich nun, deren Energien „anzuzapfen".

d) Menschliche Sünde, genauer: Orte sexueller Ausschweifung; gelegentlich auch Orte, an denen früher Fruchtbarkeitsriten stattfanden; oder eine Stelle, wo dubiose Geschäfte abgewickelt wurden. Hier wird deutlich, daß die Sünde des Menschen mancherlei bösen Mächten Tür und Tor öffnet.

Ich selbst würde noch den gewohnheitsmäßigen Gebrauch von Drogen hinzufügen. Solange die moderne Sucht nach bewußtseinserweiternden Drogen andauert, müssen wir immer wieder mit der Möglichkeit rechnen, daß böse Geister sich einmischen, wo der gottgeschenkte Schutzwall des wachen Verstandes niedergerissen wurde.

Ich habe mich in diesem Buch vorwiegend auf Beispiele aus Großbritannien beschränkt. Es lohnt sich jedoch, hier ein Gespräch einzufügen, das ich kürzlich mit einer führenden christlichen Persönlichkeit aus Kenia hatte. Der Vater dieses Mannes war der erste bekehrte Christ seines Dorfes gewesen und kam als Prediger und Lehrer dorthin zurück. Trotz heftigen Widerstandes gelang es ihm, nach und nach eine Gemeinde aufzubauen. Nun befand sich am Waldrand ein Ziehbrunnen, der, wie der umliegende Wald, von Geistern heimgesucht wurde, die mit vielen der Dorfbewohner sprachen, wenn sie zum Wasserholen kamen. Nach dem Bau der Kirche zogen sich die Geister zurück. Sie sagten den Bewohnern, es sei der Lärm der Kirchenglocken, die morgens und abends läuteten, der sie vertreibe. Nun dürften Geister wohl kaum lärmempfindlich sein. Vertrieben wurden sie von der christlichen Bedeutung des Glockengeläuts, das die Christen zum Gebet aufrief. Jedenfalls vernahmen weder Christen noch Heiden jemals wieder die Stimmen der Geister.

Neben Stätten und Räumen können auch Personen von bösen Geistern besessen sein. Missionare und Seelsorger wissen das oft aus eigener Erfahrung. Die moderne Weltanschauung steht der Vorstellung von dämonischer Besessenheit mißtrauisch gegenüber. Man neigt heute dazu, all die Phänomene, die wir genannt haben, psychologisch zu erklären. Jesus Christus jedoch glaubte an dämonische Besessenheit. Er unterschied zwischen normaler Krankheit, heilbar durch Handauflegen oder Ölung, und dämonischer Besessenheit, die sich nur durch ein gebieterisches Wort heilen läßt (z. B. Matthäus 10, 8; Markus 6, 13; Lukas 13, 32). Ein praktizierender Psychologe, der dieses „weite Feld von Zwangs-Phänomenen" — wie man solche Besessenheit genannt hat — durch ein gebietendes Wort zu heilen vermöchte, wäre bald ein reicher Mann und könnte mit den Wartelisten aufräumen, die der Alptraum der Psychiatrie sind.

Wirkliche Besessenheit ist zwar selten in unserem Land, aber wir begegnen oft Angriffen durch böse Geister, vor allem da, wo Menschen sich mit okkulten Dingen eingelassen haben. Während der Arbeit an diesem Buch erhielt ich tragische Berichte von Studenten und anderen Leuten, die schwer unter solchen Angriffen gelitten hatten. So schrieb mir z. B. ein Geistlicher von vier Studenten, die nach ein oder zwei Séancen „deprimiert und von Selbstmordgedanken und Zwangsvorstellungen geplagt waren". Unter anderem waren sie einfach gezwungen, vor bestimmten Häusern stehen zu bleiben. Zwei Mädchen wurden von Geistern, die vorgaben, ihre Väter zu sein, gedrängt, Selbstmord zu begehen; eine von ihnen machte tatsächlich einen Selbstmordversuch. In der christlichen Zeitschrift „Viewpoint" (Nr. 16 vom Herbst 1970) erschien ein eindrücklicher Bericht über einen jungen Mann, der beim Vorschlag eines Kameraden, eine Séance zu veranstalten, augenblicklich wie gelähmt war und erst nach gebieterischem Gebet im Namen Jesu wieder zurechtkam. Er war bei einer früheren Séance schon einmal innerlich angegriffen worden.

Wie können Geister bei einem Menschen Fuß fassen? Sie finden offensichtlich Eingang durch das Unbewußte, wahrscheinlich auf dem Weg über den menschlichen Geist. Er scheint das Ein- und Ausgangstor für die Geisterwelt zu sein. Unser Geist ist dazu bestimmt, die Lebensverbindung zum Heiligen Geist Gottes herzustellen. Wo man sich dessen Wirken jedoch verschließt, kann der menschliche Geist zum Einfallstor für einen bösen Geist werden. Da der Mensch eine Einheit ist, können von diesem Bereich aus bestimmte Teile oder die ganze Persönlichkeit beeinflußt werden.

Normalerweise gleicht ein Mensch einer gut verteidigten Festung. Sobald er sich aber in irgendeiner Weise mit der Geisterwelt einläßt, geht die Zugbrücke herunter. Ist sie einmal geöffnet, so ist es unerhört schwierig, sie durch einen Willensakt wieder zu schließen. Jesus Christus, der mehr als jeder andere in diesen Dingen Bescheid wußte, wies auf die Gefahr hin, in der jeder schwebt, von dem ein böser Geist ausgetrieben wurde. Wenn er sich lediglich bemüht, das Haus seines Lebens sauber zu halten, es dabei aber leerstehen läßt, kann es geschehen, daß der Geist mit Verstärkung wiederkehrt (Lukas 11, 24—26). In den vorangehenden Versen zielt Jesus auf diese Warnung hin, stellt sich selbst aber als den vor, der stärker ist als Satan und der die Festung bewohnen will, die Satan zuvor in Besitz gehabt hat.

Ich glaube auch, daß vorsätzliches Sündigen die Tür für Geistereinflüsse öffnen kann: Ein Geist kann bei den schlechten Gewohnheiten eines Menschen ansetzen und ihn zu einem Fehltritt, möglicherweise in einen Zusammenbruch hineintreiben. Hier vermag die Befreiung von der Sünde durch Jesus Christus auch vom Griff des bösen Geistes zu befreien. Unter Umständen könnte auch eine psychiatrische Behandlung, die die Macht der Gewohnheit bricht, den Einfluß des Geistes abschwächen. Die Wurzel des Übels allerdings wird sie nicht heilen können.

Wir haben schon mehrmals Hypothesen aufgestellt, die uns helfen sollten, im Licht der Bibel und der Erfahrung nüchtern zu überlegen. Auf eine Hypothese sind wir auch angewiesen, wenn wir fragen, auf welchem Wege Geister die Herrschaft über einen Menschen erlangen können. Ich selbst vertrete hier eine Theorie, die mir zumindest beachtenswert erscheint. Wir haben uns schon kurz mit dem seltsamen Phänomen der Hypnose beschäftigt. Niemand weiß, wie sie eigentlich funktioniert, soviel aber scheint festzustehen, daß die hypnotische Suggestion ein Kontrollzentrum berührt, das dann diese Suggestion in die Tat umsetzt. Man kann einem Menschen z. B. suggerieren, etwas Bestimmtes zu tun, zu sagen oder zu sein. Wenn nun ein Geist dieses Kontrollzentrum erreichen kann, dann kann er dort eine Suggestion einpflanzen, die dann in die Tat umgesetzt wird. Offenbar können Geister das nicht nach Belieben tun, sie müssen zuvor eingeladen und hereingelassen werden, z. B. mittels des Tischrückens oder durch fortgesetzte Sünde. Die häufigste Eintrittsmöglichkeit scheint das Okkulte mit seinem direkten Anrufen der Geisterwelt zu sein. Vom hypnotischen Zentrum aus kann nun der Geist Visionen, Stimmen und Zwangsvorstellungen bewirken. Das sind jedenfalls häufig die Folgen von Spielereien mit okkulten Dingen, und schon das macht deutlich, daß die Geister, denen man zu begegnen scheint, — Vater, Mutter, Mann, Frau — nicht das sind, was sie zu sein vorgeben, sonst würden sie keine solchen Nachwirkungen auslösen. Die meisten dieser Geister begnügen sich damit, ihre Opfer nicht mehr in Ruhe zu lassen; es bereitet ihnen ein boshaftes Vergnügen, sie aus der Fassung zu bringen. Gelegentlich pflanzen sie ihnen eine alles beherrschende fixe Idee ein, die die ganze Persönlichkeit verändern kann, und da sie nun ganz über das Opfer verfügen, kann man zu Recht von dämonischer Besessenheit sprechen. Hier erleben die Geister die Befriedigung, den Körper des Menschen in einer Art Halb-Inkarnation zu besetzen.

Wir können uns fragen, weshalb sie nicht immer bis zu diesem äußersten ihrer Möglichkeiten gehen. Die Antwort finden wir wahrscheinlich in Hiob 1, 12 und Lukas 22, 31 und 32: Wenn Satan die Erlaubnis bekommt, einen Menschen anzugreifen, setzt ihm Gott feste Grenzen, die er nicht überschreiten darf. Die Barmherzigkeit Gottes schränkt die Gewalt der einzelnen Angriffe auf das Kontrollzentrum ein, obwohl der Mensch so geschaffen ist, daß jede geistige Leere eine stillschweigende Aufforderung zum Angriff bedeutet (vgl. Matthäus 12, 43—45) und jeder direkte Annäherungsversuch an die Geisterwelt einer freiwilligen Einladung gleichkommt.

Ob nun die Machtergreifung von Dämonen analog zur Hypnose geschieht oder nicht, Zwangsvorstellungen und Besessenheit sind Tatsachen, die sich nicht leugnen lassen.

„In den letzten sechs Jahren haben wir durch eigene Beobachtungen festgestellt, daß unter Drogenkonsumenten ein ernsthaftes Interesse an okkulten Dingen vorhanden ist", schreibt Vic Ramsey in „Viewpoint" (Nr. 16). Drogen sind sehr wahrscheinlich imstande, bösen Geistern den Weg ins Innerste des Menschen zu erschließen. Denn Drogen sind nicht nur schädlich an sich, sie reißen auch die gottgeschenkten Zäune nieder, die das Bewußtsein normalerweise aufrichtet. Jedenfalls benutzen viele Medizinmänner und Schamanen Drogen, um zur bewußt angestrebten Besessenheit zu gelangen. Persönlich frage ich mich, in welchem Maße die bösen Geister anschließend die Sucht noch verstärken, um dadurch an physischen und seelischen Erlebnissen teilhaben zu können, die sonst verwehrt wären. Man könnte es vergleichen mit der Art und Weise, wie sexuell verklemmte Menschen sich auf die — mit anderen geteilte — Ersatzbefriedigung durch pornographische Filme und Bücher stürzen.

Es wäre auch sicher hilfreich, wenn einmal von berufener Seite die gute oder schlechte Wirkung gewisser Rhythmen und Melodien untersucht würde. Wie jede Gabe Gottes, kann auch die Musik zum Nutzen oder Verderben des Menschen dienen. Bestimmte Rhythmen und Klänge können der Besessenheit ebenso Tür und Tor öffnen wie Drogen. In heidnischen Kulten finden sich genügend Beispiele dafür.

Es wird oft gefragt, ob es bei einem Christen zu Besessenheit kommen könne. Missionare, die diesen ganzen Komplex aus eigener Anschauung kennen, berichten, daß sich Neubekehrte nicht damit begnügten, ihren eigenen Körper von dämonischer

Besessenheit befreien zu lassen, sondern auch ihre Götzen und Fetische verbrannten. Diese Zerstörung durch Feuer ist wichtig, weil die Götzenbilder tatsächlich das Böse anziehen. Falls die Bekehrten später zur Götzenanbetung zurückkehrten, waren sie bald von neuem besessen. Ich weiß von Christen in unserem Land, die vor ihrer Bekehrung mit Magie zu tun hatten und anschließend mancherlei geistig-seelische, ja sogar physische Angriffe über sich ergehen lassen mußten. Sie wurden von früheren Gesinnungsgenossen mit Bann und Fluch bedroht und mußten andere Christen zu Hilfe rufen, um durch einen gemeinsamen Gebetskampf die Tür für Geisterwirkungen verschlossen zu halten. Wer sich als Christ zu irgendeiner Zeit mit Geistern einläßt, läuft Gefahr, nachher von ihnen geplagt zu werden. Das, was er getan hat, läßt sich anschließend nicht mit einem Achselzucken abtun und vergessen. Allerdings lehrt die Erfahrung, daß solche Störungen meist erst nach mehreren Kontakten erfolgen und nicht gleich nach dem ersten Kontakt, den man gehabt hat, ohne vielleicht zu wissen, was man damit tat. Doch sollte jeder, der dieses Buch gelesen hat, sich inzwischen über die Folgen eines solchen Kontaktes klar sein.

Die Bibel zeigt uns, daß Gott manchmal Strafen sendet oder zuläßt, um sein Volk zur Besinnung zu bringen. In diesem Licht sieht die Bibel z. B. die babylonische Gefangenschaft. Obschon wir also weder geistige noch körperliche Gesetze ungestraft übertreten können, hält Gott doch seine Hand über den Folgen. Wenn ich mich dem Eindringen von Geistern öffne, werde ich vermutlich beunruhigende und erschreckende Erfahrungen machen. Habe ich aber zuvor schon die Macht Gottes in meinem Leben gekannt, dann werde ich wohl bald einsehen, was ich da tue; ich werde zu Gott zurückkehren, ihm meine Sünde bekennen und ihn bitten, die Geister zurückzudrängen und das Tor zu verschließen. Sollte ich mich allerdings weiter mit den Geistern beschäftigen, würde ich in um so größere Gefahr geraten.

12. Kehren die Verstorbenen zurück?

Wir haben uns fast ausschließlich mit bösen Geistern und Dämonen befaßt und wenig von den Geistern verstorbener Menschen gesagt. In diesem Kapitel wollen wir einen Schritt weitergehen und untersuchen, ob der Geist eines Menschen tatsächlich zurückkehren kann. Dazu müssen wir prüfen, was die biblische Offenbarung über den gegenwärtigen Zustand der Verstorbenen aussagt.

Eine der bemerkenswertesten Kurzschlußfolgerungen des Spiritualismus — auch jenes Spiritualismus, wie er selbst von Gliedern christlicher Kirchen vertreten wird — ist die Behauptung, es werde weder ein Jüngstes Gericht, noch eine leibliche Auferstehung der Toten geben. Beim Tod eines Menschen wird angeblich sein Geist gerichtet und empfängt einen Seelen- oder Geistleib, in dem er sich ausdrücken kann. Kurzschlüssig ist diese Folgerung deshalb, weil in der Bibel das Jüngste Gericht und die allgemeine Auferstehung immer mit der Wiederkunft Jesu Christi in Verbindung stehen — und Jesus Christus ist noch nicht wiedergekommen. Wenn also die Geister sich tatsächlich mitgeteilt und ihre Erfahrungen bis zum jetzigen Zeitpunkt beschrieben haben, dann stehen doch auch sie, genau wie wir, noch diesseits der Wiederkunft Jesu Christi und können ebensowenig wie wir beweisen, daß es kein Gericht und keine Auferstehung geben werde!

Das Argument der Spiritualisten hat eine weitere schwache Stelle. Sie behaupten, die Tatsache des Lebens nach dem Tod durch Mitteilungen von Verstorbenen beweisen zu können. Gesetzt der Fall, die Mitteilungen seien echt gewesen, so beweisen sie doch nicht mehr, als daß etliche Personen — oder Teile von ihnen — eine Zeitlang jenseits des Grabes weiterexistiert haben. Robert Crookall, ein bekannter englischer Spiritualist, behauptet, daß die Geister, wenn sie in höhere Sphären aufsteigen, nicht länger Botschaften durch Medien vermitteln können. Ebensogut könnte man aber folgern, daß sie sich deshalb nicht mehr mitteilen, weil sie sich in nichts aufgelöst haben.

Die Bibel sagt wenig über das sogenannte Zwischenstadium, d. h. den gegenwärtigen Zustand des Verstorbenen zwischen seinem Tod und der Wiederkunft Jesu. Was sie aber sagt, ist bedeutungsvoll. Der Christ scheidet ab, „um bei Christus zu sein" (Philipper 1, 23). Außerhalb des Leibes ist er „daheim beim Herrn" (2. Korinther 5, 8). Dieses Beim-Herrn-Sein steht in völligem Gegensatz zu den Botschaften, die durch Medien vermittelt werden und in denen Gott und Christus Randfiguren sind, wenn sie überhaupt erwähnt werden. Typisch dafür ist die Botschaft, die Bischof Pike — so schreibt er in seinem Buch „The Other Side" — von seinem Sohn erhielt: „Sie sprechen von Jesus — einem Mystiker, einem Seher. Aber, Vater, sie sprechen nicht von ihm als Erlöser!" Welch ein Gegensatz zu Offenbarung 5, 6—14!

Der Beschreibung der Spiritualisten zufolge ist der Aufenthaltsort der Verstorbenen eine Art wohlversorgtes Ferienlager. Die Kommunikatoren haben offenbar den Ort der Christen verfehlt. Da zudem einige der angeblichen Kommunikatoren, die Botschaften aus dem Jenseits übermittelten, in diesem Leben offensichtlich echte Christen waren, bezweifle ich, daß wirklich sie selbst diese Mitteilungen machen, besonders wenn sie, wie es oft vorkommt, jetzt den christlichen Glauben angreifen.

Die Bibel zeigt, daß der Mensch in diesem Zwischenstadium ein unvollständiges Wesen ist. Gott hat den Menschen als Wesen geplant und erschaffen, das einen Körper braucht. Das heißt nicht, daß die Person nicht ohne einen Körper bestehen kann, aber ohne ihn ist sie nicht das vollständige menschliche Geschöpf, als das Gott sie erschaffen hat. Paulus beschreibt diesen Zustand als „unbekleidet sein". In 2. Korinther 5, 1—10 sagt er, er sei sich wohl bewußt, daß ihn ein himmlischer Leib erwarte (Vers 1). Er sehnt sich danach, bei der Wiederkunft Christi am Leben zu sein, weil er dann seinen neuen Leib sogleich empfangen würde, ohne durch eine Zwischenzeit der Nacktheit gehen zu müssen (Verse 2—4). Er tröstet sich jedoch mit dem Gedanken, daß er auch ohne Leib daheim sein wird beim Herrn (Verse 6—8), und er lebt in der Überzeugung, daß er eines Tages vor dem Richterstuhl Jesu Christi stehen wird (Verse 9 und 10).

Der Mensch muß nochmals ganz Mensch werden, sonst hat der Tod das letzte Wort gehabt. Die Vorstellung einer leiblichen Auferstehung bietet zwar allerlei Schwierigkeiten, aber wir können sie uns folgendermaßen verdeutlichen:

Erstens: Das Vorbild ist der Auferstehungsleib Jesu Christi. Das wird in 1. Korinther 15 ausgeführt, und Philipper 3, 21 betont nachdrücklich, daß Christus unseren Leib verwandeln wird, damit er dem seinen ähnlich werde.

Zweitens: Wenn durch den Tod ein wesentlicher Teil des Menschen zerstört wird, dann hat der Tod gesiegt. Weil aber der Tod die Folge der Erbsünde und der persönlichen Sünde ist, wäre die Existenz verstümmelter menschlicher Wesen eine ständige Erinnerung an die Sünde. 1. Korinther 15, 26 spricht aber vom Tod als dem letzten Feind, der vernichtet wird: die Auferstehung vernichtet ihn.

Noch einen dritten Punkt müßten wir sorgfältig bedenken. In diesem Leben ist der Leib ein Ausdruck unserer Selbst. Unser Charakter prägt auch unsere äußere Erscheinung. Oft läßt sich beobachten, daß ein Mensch, der vor seiner Bekehrung verkommen aussah, fast unmittelbar danach ein völlig anderes Aussehen und Verhalten zeigt. Ein neues Ich, vom Heiligen Geist beherrscht und getragen, gebraucht die Luft- und Nahrungsaufnahme, um einen neuen Leib zu bilden, der u. U. viel gesünder ist als der alte. Vom Zeitpunkt des Todes an kann dieses Ich den zurückgelassenen Leib nicht mehr aufbauen. Aber als Christ sind Sie nicht ohne Möglichkeiten des Ausdrucks und der Freude, denn Sie sind ohne Unterbrechung durch den Heiligen Geist mit Christus verbunden. Allerdings sind Sie noch immer unbekleidet. Bei der Auferstehung bekommen Sie die Möglichkeit, all das „anzuziehen", was nötig ist, um sich in einem Körper auszudrücken. Auf Erden hatten Sie nur eine begrenzte Möglichkeit, Ihren Leib nach dem Vorbild Christi zu gestalten. Nun gestalten Sie — dank des Heiligen Geistes in Ihnen — eine Ausdrucksform Ihrer selbst, die als Ihr Ich erkennbar ist, aber eben als ein Ich nach dem Bilde Christi.

Wer hingegen ohne Christus ist, dem fehlt in diesem Zwischenstadium die Verbindung zum Leben. Er hat ja in seinem Körper nur immer sich selbst ausgedrückt. Wer, wie der reiche Mann in Lukas 16, 19—31, nur dem Körper gelebt hat, wird nun von der Flamme ungesättigten Verlangens verzehrt (Vers 24). Wenn die Gelegenheit kommen wird, sich wieder in einem Körper auszudrücken — es gibt ja auch eine Auferweckung der Verlorenen (Johannes 5, 29) —, wird kein schöpferisches Zusammenwirken mit dem Heiligen Geist möglich sein, sondern nur eine Neuauflage dessen, was sie auf Erden waren.

Wir dürfen uns nicht anmaßen, den Weizen von der Spreu zu trennen, noch zu sagen, wie Gott die beurteilen wird, die nie den Ruf Christi gehört haben. Aber die Geschichte von Lazarus und dem reichen Mann, die von einer unüberbrückbaren Kluft zwischen den Geretteten und den Verlorenen im Hades, dem Zwischenstadium, spricht (Vers 23 und 26), sollte uns doch zur Warnung dienen. Kommen wir in den Himmel, wenn wir sterben? Ja und nein. Der Himmel ist da, wo Christus ist, und in gewissem Sinne leben wir bereits auf Erden „in den himmlischen Örtern in Christus Jesus" (Epheser 2, 6). Ob wir nun das Zwischenstadium „Hades" (Totenreich) nennen oder nicht, worin das „Paradies" die Sphäre der Geretteten ist (Lukas 23, 43) — die Gegenwart Christi erstrahlt hier in einem Maß, wie wir es auf Erden nie gekannt haben (Philipper 1, 23). Doch Gott hat einen neuen Himmel und eine neue Erde verheißen (Offenbarung 21 und 22), und unsere neuen Leiber werden den Bedingungen, die dort herrschen, angepaßt sein. Dort werden wir die Möglichkeit zu einem ausschließlich auf Gott ausgerichteten Dienst haben, inmitten der strahlenden Herrlichkeit der Dreieinigkeit (Offenbarung 22, 3—5).

Nach all diesen notwendigen Erörterungen über den gegenwärtigen Zustand der Verstorbenen wollen wir zu unserer Eingangsfrage zurückkehren, ob die Geister der Verstorbenen wiederkommen können. Sehen wir einmal von jenen Fällen ab, in denen Tote vorübergehend wieder zum Leben erweckt wurden; dann berichtet die Bibel an zwei Stellen davon, daß die Geister von Verstorbenen wiedergekommen sind. Einmal berichtet die Bibel, daß Samuel zurückkehrte, um Saul zu sagen, er werde am nächsten Tag in der Schlacht fallen (1. Samuel 28). Manche Ausleger glauben, dies sei keine echte Erscheinung Samuels gewesen, sondern eine vom Medium heraufbeschworene Fälschung. Warum erschrak das Medium aber dann so sehr über die Erscheinung? Dies war offensichtlich nicht die Art von Geist, die sie gewöhnlich heraufbeschwor. Übrigens war Samuel bekümmert darüber, daß er gestört wurde (Vers 15), im Gegensatz zu den Geistern heute, die sich gern mitteilen wollen.

Die zweite Wiederkehr von Verstorbenen erfolgte auf dem Berg der Verklärung, als sich Mose und Elia mit Jesus besprachen (Matthäus 17, 3). Auch wenn wir berücksichtigen, daß Elia nicht auf normale Weise gestorben war (2. Könige 2, 11), so hatte Gott doch offenbar beschlossen, daß diese beiden Repräsentanten des Gesetzes und der Propheten zurückkehren und mit dem Messias über seinen bevorstehenden Tod sprechen sollten. Dieses Thema war ja schon der Inhalt des Gesetzes und der Prophetie gewesen (Lukas 9, 31 und 24, 27).

Diese beiden Sonderfälle, die zudem nicht die geringste Ermutigung enthalten, ihre Wiederholung anzustreben, rechtfertigen keinesfalls die heutigen Versuche, Verstorbene in ein Séance-Zimmer zurückzurufen. Es gibt freilich viele Fälle, wo geliebte Menschen ohne jede mediale Vermittlung um die Zeit ihres Todes herum spontan erschienen sind. Es besteht auch kein Grund, weshalb Gott nicht nach seinem Plan und Willen dem einen oder andern Geist erlauben sollte, zurückzukehren. In der Geschichte vom reichen Mann und Lazarus sagt Abraham nicht, es sei dem Lazarus unmöglich, zur Erde zurückzukehren; er sagt nur, er könne die Brüder des reichen Mannes auf diesem Wege ohnehin nicht beeinflussen (Lukas 16, 27 bis 31).

Ein Bericht, der mir glaubwürdig erscheint, betrifft den Fall des Chaffin-Testaments. James Chaffin starb 1921 in Nord-Carolina. Sein einziges bekanntes Testament war 1905 verfaßt worden; darin hinterließ er sein ganzes Vermögen seinem dritten Sohn. Das Testament wurde anerkannt, aber der Sohn starb etwa ein Jahr nach Erbantritt. 1925 hatte der zweite Sohn mehrere Erscheinungen seines Vaters, der jedesmal mit seinem alten Mantel bekleidet war. Bei einer Gelegenheit sagte der Vater: „Du wirst mein Testament in der Tasche meines Mantels finden." Diesen Mantel besaß der ältere Bruder, und in einer zugenähten Innentasche steckte ein Blatt Papier. Darauf stand: „Lies das 27. Kapitel des 1. Buchs Mose in der alten Bibel meines Vaters." Die Bibel lag in einer Schublade, und zwischen den Seiten von 1. Mose 27 lag ein neueres Testament aus dem Jahre 1919, in dem der Vater sein Vermögen gleicherweise unter seine vier Söhne aufteilte. Hier scheint es sich um eine spontane Botschaft von Chaffin selbst zu handeln, denn es war kein Medium daran beteiligt.

Keine Stelle der Heiligen Schrift läßt den Schluß zu, daß die Verstorbenen uns umgeben und alles beobachten können, was wir tun. Samuel, Mose und Elia hatten, wie wir sahen, gewisse besondere Kenntnisse; doch alle drei hatten auf Erden die Gabe der Prophetie gehabt, also etwas, was über ihr natürliches Wahrnehmungsvermögen hinausging. Dazu gehörte, daß sie von Gott direkte Mitteilungen erhielten. Wenn Gott sie in besonderem Auftrag zurückschickte, sagte er ihnen, was sie wissen mußten, und nichts deutet an, daß sie ihr Wissen aus der Beobachtung der Vorgänge auf Erden bezogen hätten.

In diesem Zusammenhang ist einer der am häufigsten falsch interpretierten Verse Hebräer 12, 1, wo die „Wolke von Zeugen" als Zuschauermenge aufgefaßt wird. Das Wort „Zeuge" hat in unserer Sprache diesen Doppelsinn. Aber diesem Vers geht Kapitel 11 voraus, wo von lauter Glaubenszeugen die Rede ist. Nicht sie schauen auf uns, sondern wir sollen auf sie blicken.

Wir können deshalb nicht sagen, ob die Verstorbenen wissen, was wir tun; und es ist kaum anzunehmen, daß sie unsichtbar durch die Welt wandern. Da Christen im Leben wie im Tod „in Christus" sind, ist Christus unser aller gemeinsame Grundlage, und vielleicht haben unsere Lieben bei bestimmten Gelegenheiten die Möglichkeit, durch ihn einiges von den Freuden und Leiden wahrzunehmen, durch die wir gehen. Vielleicht wird ihnen gesagt, daß jemand, den sie geliebt haben, sich bald zu ihnen gesellen wird. Es gibt nämlich Beispiele von Visionen auf dem Sterbebett, wo der Sterbende davon spricht, daß seine ihm vorangegangenen Lieben ihn erwarten.

13. Was soll ich tun?

Der Zweck dieses Buches war, ein Thema, das gegenwärtig auf großes Interesse stößt, aus christlicher Sicht darzustellen. Viele meiner Leser werden nicht mit okkulten Dingen in Berührung gekommen sein und werden auch weiterhin gern darauf verzichten. Andere dürfte das Thema viel persönlicher berühren, weil sie oder ihre Freunde irgendwie darin verwickelt waren oder in dieser Gefahr stehen. Was sollen sie nun tun?

Ich sage „in dieser Gefahr stehen" und hoffe dabei, daß Sie sich nun vor den Anfängen hüten werden. Versuchen Sie nicht, Kontakt mit irgendwelchen Geistern zu bekommen, weder durch Medien, Tisch- oder Glasrücken, automatisches Schreiben oder Magie. Wenn Sie es dennoch tun, tun Sie vorsätzlich etwas, was Gott in der Bibel unmißverständlich verboten hat. Und lassen Sie sich bitte nicht durch das Argument einfangen, es gebe andere Dinge, die das Alte Testament verbietet, die dem Christen heute hingegen erlaubt sind — etwa das Essen von Schweinefleisch. Wenn der Kontakt mit den Verstorbenen jenen oder uns von Nutzen wäre, dann wäre das eine so wichtige Tatsache, daß das Neue Testament zumindest das alttestamentliche Verbot aufheben und uns ermutigen würde, einander in dieser Weise behilflich zu sein. Aber während das Neue Testament in der Tat einige der sozialen und rituellen Vorschriften des Alten Testaments aufhebt, zieht es doch nirgends das Verbot zurück, mit Geistern in Verbindung zu treten.

Man braucht kein engherziger Spielverderber zu sein, um festzustellen, daß es in unseren Tagen kaum ein Gebot der Bibel gibt, das nicht abgelehnt würde. Was Gott über Unzucht und Ehebruch sagt, wird sogar von Schreibern in Frage gestellt, die angeblich den christlichen Standpunkt vertreten. Viele unserer allgemein akzeptierten Normen sind auf das Niveau der Griechen und Römer herabgesunken. Daraus muß sich zwangsläufig der Verfall des einzelnen wie der Gesellschaft entwickeln. Gott straft nicht willkürlich, sondern er läßt hier Ursache und Wirkung ihren Lauf. Ebenso verheerend wie sexuelle Experimente wirken sich notgedrungen okkulte Experimente aus. In beiden Fällen bestätigt die Erfahrung, was die Bibel sagt.

In diesem Buch haben wir unterschieden zwischen einer von unserer Seite angestrebten Fühlungnahme von Geistern und der gelegentlichen, unbeabsichtigten und meist nicht wiederholten Begegnung mit einem geliebten Menschen um die Zeit seines Todes. Als Jesus Christus seinen Jüngern nach seiner Auferstehung erschien, glaubten sie, es wäre ein Geist. Jesus erwiderte nicht, es gebe keine solchen Dinge wie Geister, sondern er sagte: „Ein Geist hat nicht Fleisch und Bein, wie ihr seht, daß ich es habe" (Lukas 24, 39). Wenn Ihnen ein Freund oder Angehöriger erscheint, hat er keinen Körper. Als Jesus erschien, hatte er einen Körper; doch dieser Körper war bei der Auferstehung aus dem Grab verwandelt worden und besaß neue Eigenschaften, die er früher nicht gehabt hatte.

Was sollen wir ganz allgemein vom zweiten Gesicht halten? Diese Frage ist nicht so einfach zu beantworten, und Christen sind hier geteilter Meinung. Während der Vorbereitung zu diesem Buch bin ich mehreren Christen begegnet, die gelegentlich über die Gabe verfügen. Sie waren erleichtert, als sie mich ganz unbefangen über dieses Thema sprechen hörten. Ein erfahrener Geistlicher hingegen, der mir beim Durchlesen meines Manuskripts manchen wertvollen Hinweis gegeben hat, betonte ausdrücklich, ein Christ solle darum beten, daß ihm diese Fähigkeit genommen werde. Ein Mann aus meinem Bekanntenkreis, dessen Mutter das zweite Gesicht hat, sagte mir, sie empfinde es als eine Plage. Man sollte Gott bitten, die „Gabe" wegzunehmen, wenn sie nicht seinem Willen entspricht. Sollte sie auch nach einem solchen ernstgemeinten Gebet bleiben, dürfen wir sie in seine Hand legen und darauf vertrauen, daß er sie nach seinem Willen gebrauchen wird.

Gefährlich wird das zweite Gesicht vor allem dann, wenn Sie einem Spiritisten in die Arme laufen. Er wird spüren, daß Sie diese Gabe besitzen, und Sie drängen, sie in spiritistischen Zirkeln weiterzuentwickeln. Das natürlich wäre grundfalsch. Sie könnten auch in Versuchung geraten, selbst Ihre Gabe durch Kristallschauen weiterzuentwickeln oder in irgendeiner Form andern die Zukunft vorauszusagen. Warum sollte das Unrecht sein? Weil Sie Gott, sich selbst und Ihren Mitmenschen keinen Dienst erweisen, wenn Sie versuchen, in eigener Vollmacht die Zukunft vorauszusehen.

Die Gabe des zweiten Gesichts kann ähnliche Gefahren in sich bergen wie die Gabe der Sexualität. Die Freude an der Geschlechtlichkeit ist ein wesentlicher Bestandteil der Ehe. Wird Sexualität aber isoliert und zum Selbstzweck, so wird sie erniedrigend, gemein und schmutzig. Ähnlich ist auch das zweite

Gesicht, selbst in seiner leichtesten Form, ein Bestandteil des Lebens, den Gott nur gebrauchen kann, wenn wir unseren Weg mit ihm gehen. Fördern wir diese Fähigkeit um ihrer selbst willen, müssen wir auf Abwege geraten und können innerlich wie äußerlich Schaden leiden.

Wenn jemand das zweite Gesicht hat, kann es leicht geschehen, daß ihn andere bitten, ihnen die Zukunft vorauszusagen. Hüten Sie sich davor! Solche Wünsche sollten lieber in Gebet umgewandelt werden, genauso wie wir für einen Freund beten, der uns in einem Brief irgendeine Not mitteilt. Wenn wir ein besonderes Gespür für die Atmosphäre um uns herum haben und sie sofort gefühlsmäßig oder bildhaft erfassen, werden wir einerseits auf Geistereinflüsse empfindlicher reagieren als andere, wir werden aber auch die inneren Bedürfnisse der Menschen, denen wir begegnen, rascher erkennen.

Da ich behauptet habe, ein Teil der Botschaften, die durch Medien und durch Tisch- oder Glasrücken erfolgen, beruhten auf Telepathie und Hellsehen, könnte man daraus schließen, daß sie nicht unter das Verbot der Bibel fallen. Dabei müssen wir uns jedoch eine grundlegende Tatsache vor Augen halten: Wer solche Mittel verwendet, der versucht ja gerade, Kontakt mit Geistern aufzunehmen. Er will nicht aus dem eigenen Unbewußten oder dem der übrigen Teilnehmer schöpfen. Selbst wenn wir annehmen, daß alles, was folgt, das geistige Produkt der Teilnehmer selbst ist, so sind sie dennoch einem Irrtum verfallen, denn sie meinen, die Quelle der Botschaften liege im Reich der Geister. Die Erfahrung zeigt, daß das, was auf solchen Séancen geschieht, bald zu einer Zusammenballung des Bösen wird, mag es auch noch so harmlos begonnen haben. Wir wollen doch nicht gottgeschenkte Schranken niederreißen und einen Strom des Bösen ungehindert ein- und ausfließen lassen! Genau das aber geschieht, wenn ein telepathischer Verbindungskanal geöffnet wird.

Dieses Aufbrechen des Bösen wurde mir vor kurzem anläßlich einer Hochschul-Konferenz deutlich vor Augen gestellt. Ich hatte über das Thema „Der Bereich des Psychischen" zu referieren. In den nachfolgenden Gesprächen mit Ungläubigen wie mit Christen erzählte mir fast jeder Gesprächspartner von der unheilvollen Wirkung, die spiritistische Praktiken auf seine Bekannten gehabt hatten. Niemand verteidigte sie. Das sich mitteilende Wesen scheint alles Böse der Anwesenden in sich aufzunehmen, um es dann in die einzelnen zurückfließen zu lassen, so daß sie schlechter werden als zuvor. Ferner dürfen wir nicht vergessen, daß wir bei Séancen ein Sowohl-Als-Auch antreffen können. Wenn böse Geister da sind, werden sie sich die niedergelassene Zugbrücke zunutze machen und die schlummernden psychischen Anlagen derer, die sie zum Kommen aufgefordert haben, für ihre Zwecke mißbrauchen.

Was können Sie tun, wenn Sie selbst schon in solche Dinge verwickelt waren oder anderen helfen möchten, die Sie um Hilfe bitten? Wir brauchen die Fürbitte christlicher Freunde und müssen den Sieg Christi über unser ganzes Wesen in Anspruch nehmen.

Es kann uns auch geschehen, daß wir uns irgendwann einmal mit einer unangenehmen Äußerung des Okkulten auseinandersetzen müssen. So berichten christliche Studenten, daß zuweilen in Studentenheimen eine ausgeprägte Atmosphäre des Bösen herrscht, weil Kommilitonen spiritistische Sitzungen abhalten. Da nichtchristliche Studenten diese Mächte freigelassen haben, liegt es nahe, daß christliche Studenten beweisen sollten, wieviel größer die Macht Christi ist. Ich weiß von einem Fall, wo Mitglieder einer christlichen Studentenvereinigung zum gemeinsamen Gebet zusammenkamen; daraufhin ließ Christus durch sie die finsteren Mächte verschwinden. Wenn sich die Séancen wiederholen, werden die Schwierigkeiten wohl von vorne anfangen. Es ist freilich auch schon vorgekommen, daß Christen die Kommunikation unmöglich gemacht haben, indem sie jeweils zur Zeit der Séancen Gebetsversammlungen abhielten.

Oft werden Seelsorger in ungewöhnlichen Fällen zu Hilfe gerufen, und meistens können sie die Hilfesuchenden an jemanden verweisen, der Erfahrung in der Behandlung von okkulten Manifestationen hat und die Gabe besitzt, die in 1. Korinther 12, 10 genannt wird — die Gabe, die Geister zu unterscheiden, verbunden mit der Fähigkeit, sie auszutreiben oder auf andere Weise mit ihnen fertig zu werden.

Wir müssen aber immer bedenken, daß der im Namen Jesu Christi Gebietende nicht ein überlegener „Supermagier" ist, sondern daß die Macht Jesu Christi den Geist überwindet. Einige Seelsorger haben mir erzählt, wie Gott sie auf diesem Gebiet gebraucht hat, ohne daß sie irgendwelche Sondergaben gehabt hätten; sie handelten lediglich nach den Anweisungen der Heiligen Schrift. Manche Exorzisten ahmen traditionelle römisch-katholische Methoden nach, benutzen Weihwasser oder geweihtes Salz, und etliche verwenden alte lateinische Gebete. Ich sehe freilich nicht ein, wieso ein Geist eher Latein verstehen sollte als die Sprache des betreffenden Landes, in dem er erscheint. Ich glaube auch nicht, daß die äußeren Formen entscheidend sind; vor allem können sie niemals ein Ersatz für den Namen Jesu Christi sein, den diese Exorzisten selbstverständlich gebrauchen.

Vor wenigen Wochen berichtete mir ein Pfarrer von einem Fall, bei dem jemand ohne frühere Erfahrung in der Lage war, einfach und doch wirksam gegen Geisterphänomene vorzugehen. Beim Besuch eines kleinen Landhauses erblickte Frau X. mehrmals eine Dame in einem Kleid aus längst vergangenen Zeiten; meist war sie von einem großen Hund mit einem Stachelhalsband begleitet. Die Dame teilte Frau X. mit, sie hätte ihr Baby, das nicht von ihrem Gatten gewesen war, ermordet und in den Ziehbrunnen geworfen. Es quälte sie, daß es nicht getauft war, und sie bat Frau X., einen Priester zu holen, der die Stelle, wo sich der Brunnen früher befunden hatte, mit Weihwasser besprengen sollte. Bald danach begann die Dame, Frau X. auch in ihrem eigenen Hause zu erscheinen. Allerdings war sie ohne Begleitung des Hundes, wenn der Hund von Frau X. im Zimmer war! Schließlich fanden Herr und Frau X., man müsse der Sache ein Ende bereiten, und sie wandten sich an einen mir gut bekannten Pfarrer. Er besuchte sie und erklärte ihnen, er glaube nicht, daß Weihwasser die richtige Antwort sei; der lebendige Christus hingegen, der durch alle Zeiten derselbe sei, habe die Macht, jeden von dieser Art Plage zu erlösen, und das ermordete Baby sei bestimmt von ihm angenommen und in sein ein für allemal am Kreuz vollendetes Werk eingeschlossen. Bei diesen Worten zog er sein Neues Testament aus der Tasche. In diesem Augenblick fiel Frau X. in Ohnmacht — es war vermutlich eine leichte Trance. Sie wiederholte mehrmals, die Dame sei anwesend, und richtete ihr aus, was der Pfarrer gesagt hatte. Als sie wieder zu sich kam, war ihr soeben noch verkrampfter Ausdruck völlig entspannt, und sie sagte zu ihrem Mann: „Ist das nicht wunderbar? Sie ist jetzt glücklich und alles ist gut." Ich habe inzwischen erfahren, daß tatsächlich immer noch alles gut ist.

Hier wurde ganz schlicht im Namen Jesu gehandelt, ohne daß es nötig gewesen wäre, zu wissen, wie sich alles abspielte. Zweifellos könnte man lang und breit über den Fall diskutieren — und ihn doch nicht verstehen, besonders, was den Hund anbetrifft.

Größere Sachkenntnis ist da nötig, wo schwarze Magie im Spiel ist. Ich selbst verstehe nicht genau, wie die Magie funktioniert, aber ich weiß, daß dahinter weit mehr steckt, als die meisten Leute ahnen. Eins jedoch ist gewiß: der Sieg Jesu ist unser Schutz. Dennoch muß es eine zusätzliche Hilfe sein, wenn man weiß, was die Magie an Bedrohung und gefährlichen Auswirkungen in sich schließt.

Auch beim Auftreten von Poltergeistern ist eine Menge Unterscheidungsvermögen nötig. Ist es eine Person oder ein Ort, der der Reinigung bedarf? Beeinflußt im gegebenen Fall die Person den Ort oder der Ort die Person? Wenn die Aktivität von einer Person ausgeht, braucht sie dann außer der entscheidenden Reinigung des Geistes — oder von dem Geist — auch die Hilfe eines Psychologen? Ich weiß freilich, daß auch Seelsorger ohne psychologische Kenntnisse solcher Tätigkeit von Poltergeistern im Namen Jesu Christi ein Ende gesetzt haben.

Jeder Christ, der um Hilfe gebeten wird, muß selbst in ungebrochener Gemeinschaft mit Gott leben. Andernfalls würde er einem Chirurgen gleichen, der, mit einer offenen Wunde an seiner Hand, ohne Handschuhe eine tiefe Wunde operiert. Um ein anderes Bild zu gebrauchen: Er kann nicht gegen einen bösen Geist ins Feld ziehen, wenn er in weiten Bereichen seines eigenen Lebens mit dem Feind paktiert. Er muß zuvor seine bewußten und unbewußten Sünden bekennen und die Reinigung durch das Blut Jesu in Anspruch nehmen. Wenn möglich, sollten andere mit ihm gemeinsam beten, entweder im selben Raum oder zur gleichen Zeit. Man sollte für die betreffende Person beten oder um das Weichen des Geistes oder des Bösen vom jeweiligen Ort. Denn „das Böse" kann ja eine Atmosphäre sein, die von der Vergangenheit oder der Gegenwart her belastet ist.

Im Namen Jesu, der am Kreuz den Sieg errungen hat und als Herr über alle Mächte und Gewalten siegreich auferstanden ist, muß dem Geist befohlen werden, zu weichen, um an den ihm zustehenden Ort zurückzukehren und für immer dort zu bleiben.

Dabei sollte eine Mauer des Gebets alle Anwesenden umschließen und so den Geist daran hindern, sich bei einem anderen „Gastgeber" einzunisten. Um solches zu verhüten, hat Jesus wohl die Dämonen in die Schweine der Gadarener geschickt. Es bestand die Gefahr, daß die ganze „Legion" auf die Menschenmenge losgehen würde.

Mancher Leser wird all das als Hirngespinst empfinden. Aber es könnte sein, daß er eines Tages auf einige der Phänomene stößt, über die wir hier nachgedacht haben. Schließen wir bewußten Schwindel aus, falsche Beobachtung, Leichtgläubigkeit und Suggestion, durch die natürliche Vorgänge als übernatürlich erscheinen können, dann bleiben immer noch genügend Indizien dafür, daß heute wie zu allen Zeiten wirklich scheußliche Dinge geschehen. Die Wissenschaft selbst ist hier machtlos. Man kann der Magie mit Gegenmagie begegnen, Heilung bringen kann aber allein Christus durch seinen Sieg.

Deshalb müssen wir abschließend auf die Wirklichkeit Jesu Christi zurückkommen. Er war keine Wiederverkörperung eines Menschen, kein Geisterwesen, kein edler Mensch voll göttlichen Geistes. Er ist wahrer Gott, der durch eine echte, wenn auch einzigartige Empfängnis und Geburt wahrer Mensch wurde. Er kam, um die Folgen der Sünde zu beseitigen, unsere Schuld durch seinen stellvertretenden Tod am Kreuz wegzunehmen, uns zu reinigen und dann durch die Kraft seines Geistes von Grund auf zu erneuern. Durch seinen Tod und seine Auferstehung zerschlug er die Macht, die Satan und seine Anhänger aus dem Reich der Geister über die Menschheit, ihre Verbündeten, hatten. Darum kann der Mensch jetzt vom Tod zum Leben übergehen, aus dem Reich der Finsternis in das Reich Gottes. Das ist die Rettung, das neue, ewige Leben, das hier und jetzt beginnt.

Natürlich können wir uns einen Ersatz für Gottes Wirklichkeit suchen. Der Materialismus fordert uns auf: „Laßt uns essen und trinken, denn morgen sind wir tot", und behauptet, mit dem Tod sei alles aus. Der Humanismus erhebt seinen heroischen Anspruch: Wir wollen gut und edel auf Erden leben, denn welchen Sinn hätte das Leben noch, wenn die Welt und ihre Bewohner sich zugrunde richteten? Die Philosophie hält großartige Gedanken für Intellektuelle bereit, lehnt jedoch das Licht der göttlichen Offenbarung ab. Der Ästhetizismus strebt vom Materiellen weg, hinauf in die hehre Sphäre schöngeistiger Genüsse. Daneben können wir uns in die Höhen und Tiefen unseres Seins versenken, und das kann entweder zur mystischen Seligkeit der Einheit mit dem Universum führen — mag Gott auch eine unbekannte Größe für uns bleiben —, oder es kann sich zu einer Verbindung mit Geisterwesen ausweiten, deren Mitteilungen uns von Gott entfernen.

Der Christ hingegen kann sich in dem Sinne freimütig als Materialist bekennen, daß er in seinem irdischen Leib Gott verherrlicht (1. Korinther 6, 19.20; 2. Korinther 4, 7). In gewisser Hinsicht ist er auch ein zuversichtlicher Humanist, denn er weiß: Die Menschen sind nach dem Bilde Gottes erschaffen, und wahrer Mensch zu sein (als einzelner wie als Glied der Gesellschaft) bedeutet, im Kraftfeld des vollkommenen Gott-Menschen, Jesus Christus, zu stehen (Philipper 3, 8—21). Er verfügt über ein umfassendes, einleuchtendes philosophisches System, das ihm sinnvolles Denken erlaubt, je mehr er in die christliche Wahrheit eindringt (1. Korinther 2, 6—13). Sein Sinn für Ästhetik wird befriedigt, wenn er sich für all die gottgeschenkte Schönheit der Welt öffnet, die das Häßliche in Schach hält (Philipper 4, 8). Seine Gemeinschaft mit Gott in Christus mag sich in mystischen Formen ausdrücken oder nicht — in jedem Fall ist sie eine Gemeinschaft von Person zu Person (2. Korinther 4, 6).

Was schließlich den Kontakt mit Geistern anbelangt, überzeugt den Christen die Beweisführung in Kolosser 2, 6—23, daß wir, die wir mit Christus, dem Herrn, selbst verbunden sind, uns weder irgendwelche hohe oder niedrige geistige Wesen dienstbar machen, noch uns ihnen zur Verfügung stellen sollen.

Von dieser Haltung können Christen nicht abweichen. Man wirft ihnen vor, es sei eine Anmaßung, daß sich selbst der Schlichteste unter ihnen auf diese persönliche Beziehung zu Gott berufe. Spiritualisten sagen ihnen, sie dürften bei ihrem Tod nicht erwarten, plötzlich in den Himmel versetzt zu werden; sie müßten weiterhin allmählich gereinigt und erleuchtet werden, ohne jedoch Gott direkt zu schauen. Das alles klingt natürlich und vernünftig, und die Christen würden auch tatsächlich so etwas nie behaupten, wenn Gott es ihnen nicht versprochen hätte. Person und Werk Jesu Christi sind viel größer und herrlicher, als ein Spiritualist oder Spiritist sich je vorstellen kann.

Das alles läßt sich zusammenfassen in dem großen Gebet des Paulus in Epheser 3, 14—21, das man so umschreiben kann: „Ich knie nieder im Gebet zu dem Vater, der jeder Familienbeziehung im Himmel und auf Erden ihren Sinn gibt. Er möge euch aus seinem wunderbaren Reichtum stärken durch seinen Geist, der in die innersten Tiefen eures Seins dringt. Durch ein lebendiges Vertrauen sollt ihr mit Christus verbunden sein, der eure Herzen zu seiner Wohnung gemacht hat. Dann wird die

Liebe eure Wurzel und eure Grundlage sein. Und ich bete, daß ihr die Kraft haben mögt, gemeinsam mit allen Christen zu erfassen, was die Breite und Länge und Tiefe und Höhe ist, d. h. daß ihr die Liebe Christi kennenlernt, die alles menschliche Wissen und Erkennen bei weitem übersteigt. Wenn euch all das unmöglich erscheint, möchte ich euch an den erinnern, der imstande ist, unendlich viel mehr zu tun, als wir je erbitten oder erträumen könnten, und zwar durch seine Kraft, die unablässig in uns am Werk ist. Die ganze Herrlichkeit des Lebens der Gemeinde und des Werkes Christi strömt in Ewigkeit zu ihm zurück. Amen."

Spiritismus und Okkultismus

von Richard Kriese

Spiritistische und okkulte Praktiken entfalten eine neue offensive Stoßkraft. In der Bundesrepublik gibt es mehr als 3 Millionen praktizierende Okkultisten, die jedoch aus Sicherheitsgründen in den großen Konfessionen bleiben. Zwei Drittel machen sich abhängig von abergläubischen Vorstellungen. 30 Prozent aller Erwachsenen glauben an Horoskope, und 25 Prozent sind der Meinung, es gäbe Menschen, die durch den sogenannten bösen Blick, durch Giftmittel oder bloße Berührung eine Art Zauber auslösen könnten.

Im privaten Rundfunksender EUROPA I liest neuerdings eine 57jährige Dame den Franzosen jeden Nachmittag ihr Schicksal aus den Sternen. Täglich erhält sie bis zu 20 000 Telefonanrufe.

In England will eine Magierin eine Schule für Zauberlehrlinge einrichten. Es handelt sich dabei nicht um die Erlernung von Tricks, sondern um eine praktische Einführung in die echte Magie.

Besessene, Zauberer, Gesundbeter, Wahrsager gibt es zwischen Turin und Palermo zu Tausenden. Eine italienische Wochenzeitschrift meldet, daß Hunderttausende, vielleicht sogar Millionen, in die Welt der Magie flüchten.

In anderen europäischen Ländern und den übrigen Kontinenten zeigt sich ein ähnliches Bild.

Die Verhaftungen im Zusammenhang mit der Ermordung der amerikanischen Filmschauspielerin Sharon Tate und ihrer Freunde in Hollywood haben die Aufmerksamkeit auf das erneute Auftauchen von Hexerei und Satanskult in den Vereinigten Staaten und besonders an einigen amerikanischen Universitäten gelenkt.

Man spricht von einer Renaissance des Okkultismus. Das ganze öffentliche Leben Brasiliens ist nahezu vom Spiritismus beherrscht. 36 Prozent der Bevölkerung sind Spiritisten. Während der Umbanda-Spiritismus weiße Magie treibt, Jesus als Menschen gelten läßt und Bibelzitate verwendet, bedient sich der Macumba-Spiritismus der schwarzen Magie, bringt Menschenopfer und hat neuerdings auch soziale Werke.

Das Bild rundet sich ab, wenn wir bedenken, daß 1 Milliarde Menschen in Ostasien im Ahnenkult leben und 130 Millionen Afrikaner von der All-Dämonisierung überzeugt sind.

Diese statistische Übersicht zeigt, daß der Okkultismus globale Dimensionen erreicht hat. Während eine pervertierte Theologie und rationalistisches Denken den Teufel ins Mittelalter verweisen, unterwandern Aberglaube, Magie und Totenbefragung nahezu alle Bereiche des öffentlichen und privaten Lebens. Die Situation ist ähnlich wie am Ende des 19. Jahrhunderts: Als man behauptete, der Teufel sei gestorben und Nietzsche den Tod Gottes verkündete, befiel die westliche Welt die Seuche der Klopfgeister.

Weil die Gemeinde Jesu heute mehr denn je von der Dämonie bedroht und herausgefordert wird, gilt es, den Sieg Jesu zu proklamieren, die Taktik des Teufels zu durchschauen, den Kampf aufzunehmen und daran festzuhalten, daß der Sohn Gottes gekommen ist, um die Werke des Teufels zu zerstören.

Die evangelistische und seelsorgerische Auseinandersetzung mit spiritistischen und okkulten Praktiken stößt auf vier Einwände:

1. Eine bestimmte theologische Richtung behauptet, Jesus habe Psychopathen suggestiv behandelt, Satan sei die Personifikation moralischer Übel, und im übrigen müsse das biblische Weltbild aufgegeben werden.

Abgesehen davon, daß gerade die moderne Naturwissenschaft das recht verstandene biblische Weltbild keineswegs verdunkelt, ist es unmöglich, an Christus zu glauben und gleichzeitig seinen Gegenspieler, den Satan, zu leugnen. Im Blick auf die Suggestionshypothese müssen wir fragen, wie Jesus beispielsweise das syrophönizische Mädchen heilen konnte, ohne ihr je begegnet zu sein.

Indem Jesus Christus in der Kraft des Heiligen Geistes Kranke heilte und Dämonen austrieb, richtete er Zeichen des Reiches Gottes auf. Sie sind seiner Verkündigung vorangegangen. Bei den Aposteln war es ähnlich. Ihre evangelistische Verkündigung stieß gleich am Anfang auf Okkultismus und Dämonie. An diesem Frontabschnitt wurden die entscheidenden Siege errungen. Sowohl im Neuen Testament als auch im Alten Testament wird die eigentliche Frontlinie des Reiches Gottes dort sichtbar, wo Satan erkannt, entlarvt und besiegt wird. Das leidenschaftliche Ringen der alttestamentlichen Propheten um das Volk Gottes wird verständlicher, wenn wir bedenken, daß heidnische Götter und Götzendienst in Israel als Dämonenverehrung betrachtet wurden.

In diesen Zusammenhang gehört ein weiterer Gesichtspunkt. Dr. Kurt Koch stellt fest, daß die Spielregeln des Okkultismus in allen Epochen der Menschheitsgeschichte gleich geblieben sind. Schon vor 5000 Jahren wurde genauso gezaubert wie heute. Dabei ist bemerkenswert, daß die Methoden der Zauberei gleich geblieben sind. Die Formen wechseln; der Kern bleibt unverändert.

2. *Die psychiatrische Kritik ist geneigt, die Folgen spiritistischer und okkulter Praktiken in neurotische, hysterische, epileptische und schizophrene Krankheitsbilder einzuordnen.*

Gewiß können streckenweise die Symptome seelischer Erkrankungen parallel laufen mit Merkmalen dämonischer Gebundenheit. Und doch lassen sich okkulte Belastungen in die geläufigen Krankheitsbilder nicht einordnen. Das zeigt sich gerade dort, wo therapeutische Maßnahmen erfolglos bleiben. Eine gläubige Nervenärztin erklärte: „60 Prozent der Insassen meiner Anstalt sind nicht geisteskrank, sondern okkult belastet oder gar dämonisiert."

Manchmal wird die Diagnose erst nach der Heilbehandlung oder seelsorgerischen Betreuung deutlich. Der bekannte Psychiater und Seelsorger Dr. Lechler sagt ganz drastisch: „*Hilft dem Patienten eine Schockbehandlung, so hatte er keine okkulte Belastung.* Hilft einem Patienten gläubiges Gebet zu einer sofortigen Heilung, so ist der Verdacht einer Psychose sehr gering." Das soll natürlich nicht heißen, als ob Christus nicht einen Schizophrenen heilen könnte. Es gibt also seelisch kranke Menschen, bei denen erst die Therapie die Diagnose verdeutlicht.

Ein englischer Psychiater äußerte: „Wenn ich den Patienten unserer Klinik die Vergebung der Sünden vermitteln könnte, dann könnten wir morgen die Hälfte entlassen."

Der Mensch ist nicht nur ein immanentes, diesseitiges Wesen, sondern ein auf Gott bezogenes. Darum ist der eigentliche Kern okkulter Phänomene nicht zu analysieren. Er entzieht sich der psychoanalytischen Methode. Sigmund Freud wurde immer pessimistischer und kam zu dem Schluß, daß wir durch unbekannte, unbeherrschbare Mächte „gelebt werden". C. G. Jung spricht in diesem Zusammenhang von Archetypen. Er meinte, daß hinter der Welt der Psyche eine Wirklichkeit liege, in der Raum und Zeit sich ausgleichen und das Gesetz von Ursache und Wirkung ein Ende finde.

Damit ist der Weg frei gegeben für die charismatische Seelsorge. Der Streit um die Zuständigkeit wird vermutlich nie ein Ende nehmen. Verwechslungen und falsche Diagnosen gibt es auf beiden Seiten. In der Seelsorge an okkult Belasteten können verhängnisvolle Fehler gemacht werden. Aber auch Psychiater können irren, indem sie Besessene für geisteskrank halten und sie in eine psychiatrische Heilanstalt schicken, aus der sie nie mehr herauskommen. Mit psychiatrischen Etiketten kann man zwar die Probleme verschieben, keinesfalls aber lösen. Darum sollten in Zweifelsfällen Arzt und Seelsorger zusammenarbeiten.

3. Die Parapsychologie sieht in okkulten Phänomenen eine Aktivierung und Überleistung des Unterbewußtseins.

Selbst wenn wir annehmen, daß es einen neutralen parapsychologischen Zweig gibt, bleibt die Frage offen, warum Magnetismus, Hypnose, Rutengang und Telepathie in der Regel an okkulte Praktiken gekoppelt sind und nicht selten verschwinden, wenn medial veranlagte Menschen sich für Jesus Christus entscheiden.

Die sogenannte Aktivierung und Überleistung des Unterbewußtseins hört dann auf.

Ganz abgesehen davon, daß sich die parapsychologische Forschung erst in den Anfängen befindet und okkulte Phänomene durchaus nicht immer einheitlich bewertet, geht es ihr letztlich um Wissen und Macht. Bekanntlich gruppiert sie die okkulten Phänomene in

Psi-gamma- und
Psi-kappa-Phänomene.

Psi ist die Abkürzung für parapsychologisch. Gamma steht für ginoskein = erkennen und kappa für kinein = bewegen. Es geht also um das Wissens- und Machtproblem auf außersinnlichem Weg in einem Gebiet, vor dem die Bibel ausdrücklich warnt.

In einem vielgelesenen Buch („Der Aufbruch ins dritte Jahrtausend") werden die entsprechenden Konsequenzen gezogen. Man fragt: Warum sollten unsere Techniker bei ihren Experimenten keine Zauberformeln murmeln, wie einst die Alchimisten im Mittelalter?

Psychiatrie und Parapsychologie können zwar die Außenseite okkulter Phänomene und ihrer Folgeerscheinungen beschreiben. Der eigentliche Hintergrund aber entzieht sich der wissenschaftlichen Forschung. Er gehört zu einer Dimension, die kein Forscher in den Griff bekommt.

Übrigens ist der Wissenschaftler kein Exorzist.

4. Nicht wenige bezeichnen okkulte Praktiken als Lüge und Betrug.

In vielen Fällen wird das zutreffen. Die echten Formen verhalten sich zu den unechten wie 1 : 10.

Und doch gibt es auf spiritistischem und okkultem Gebiet Tatsachen, die sich nicht leugnen lassen. Es bleibt ein unerklärlicher Rest, der sich nicht wegdiskutieren läßt. Dr. Kurt Koch spricht in diesem Zusammenhang von „transzendenten Wirkungszentren". Sollten wir nicht hellhörig werden, wenn sich neuerdings gerade Intellektuelle für magische Experimente interessieren?

In diesem unerklärlichen Rest aber zeigt sich der frontale Angriff dämonischer Mächte. Massenmedien informieren nahezu pausenlos systematisch über okkulte Praktiken. Das Ergebnis ist erschütternd. Allein die Seelsorge des Evangeliums-Rundfunks hat jährlich mehreren Hunderten zu helfen, die okkult belastet sind. Dabei zeigt sich folgendes Bild: Viele geraten aus Unwissenheit und Leichtsinn in den Sog des Aberglaubens, der Magie und der Totenbefragung. Sie werden depressiv und seelisch krank, neigen zu sexuellen Entgleisungen und zum Laster, sind anfällig für Irrlehren und werden von Selbstmordgedanken gequält. Gerade in der letzten Zeit wird deutlich, daß es einen Zusammenhang gibt zwischen Rauschgift einerseits und okkulter Belastung andererseits.

Das Glaubensleben solcher, die von okkulten Belastungen nicht gelöst sind, verkümmert; kann sich aber gesund entfalten, wenn die charismatische Seelsorge in Anspruch genommen wird. Wo das geschieht, befreit Jesus Christus und beschenkt mit seinem Heiligen Geist.

Aber nicht nur die Einzelseelsorge zwingt uns, Spiritismus und Okkultismus ernst zu nehmen. Das endzeitliche Geschehen kann nur dann richtig eingeordnet und gedeutet werden, wenn uns bewußt wird, daß wir einer dämonisierten Weltdiktatur entgegengehen, die letztlich im Satanismus endet. Die Ansatzpunkte zeichnen sich deutlich ab. Politiker werden — wie schon oft in der Geschichte — genarrt von Wahrsagern, Magiern, Hellsehern und Gesundbetern. Künstler vermengen das Chaotische und Labile, das Verzerrte und Gequälte, das Finstere und Obszöne zu einem sumpfigen Brei. In der Lauge dieses Stils zersetzt sich das Menschenantlitz und wird in seinen zerrinnenden Konturen für das Original gehalten.

Wirtschaftler richten sich dutzendweise nach den Prognosen der Horoskope, und Theologen merken oft nicht, daß sie zu Ergebnissen kommen, die der Umbanda-Spiritismus Südamerikas bedenkenlos akzeptieren kann. Die Unterwanderung durch Irrlehren und der Vormarsch heidnischer Religionen fügt sich in dieses Gesamtbild ein und kann letztlich nur auf dem Hintergrund der spiritistischen und okkulten Dimension richtig beurteilt werden.

Daraus ergeben sich folgende Konsequenzen:

1. Information

Wir müssen uns zwar nicht unbedingt mit den Einzelheiten spiritistischer und okkulter Praktiken befassen. Wir sollten aber wissen, daß der Spiritismus durch Visionen, beim sogenannten Tischrücken und Glasrücken, beim automatischen Schreiben und Trance-Reden, bei Materialisationen und Exkursionen der Seele mit den Verstorbenen in Verbindung kommen will. (In Materialisationen werden angeblich Verstorbene sichtbar; bei Exkursionen der Seele — so behaupten Spiritisten — wird aus dem materiellen Leib der Astralleib ausgesandt und mit besonderen Aufgaben beauftragt.)

Außerdem kennt der Spiritismus die Fernbewegung ohne ersichtliche Ursache (Telekinese), das Freischweben von Gegenständen oder Menschen (Levitation) und das Herbeiholen und das Verschwindenlassen von Gegenständen (Apporte). Zum Gebiet des Spiritismus gehören auch: die magische Verfolgung und magische Abwehr, der ortsgebundene Spuk und das Wiedergänger-Phänomen. Gemeint ist also die Tatsache, daß sich ein Mensch nach seinem Tod bemerkbar macht. Mit dieser Aufzählung kann das Betätigungsfeld des Spiritismus abgesteckt werden.

Der Spiritismus hat viele Gesichter. Er zeigt sich im verbrecherischen Macumba-Kult ebenso wie in der sozialen Kartec'schen Richtung.

Darüber hinaus gibt es den Spiritualismus, der sich vom Spiritismus älterer Prägung mit seinen massiven Experimenten distanziert. Der Spiritualismus erstrebt eine religiöse Ausweitung seiner Anschauungen und verwendet dabei idealistisches, moralisches und christliches Gedankengut, wobei allerdings entscheidende Aussagen des Neuen Testaments umgedeutet werden.

Der Okkultismus wird sprachlich von dem Wort „occult" abgeleitet, das soviel bedeutet wie: verborgen, geheim, dunkel, geheimnisvoll, hintergründig, abwegig, kultuswidrig. Mit diesem Begriff werden Vorgänge bezeichnet, die über das Wahrnehmungsvermögen der fünf Sinne hinausgehen. Der Okkultismus reicht von der breiten Skala des Aberglaubens bis zu den Spielarten der weißen und schwarzen Magie. Die wichtigsten Markierungspunkte dieses Gebiets sind einerseits Pendeln, Astrologie, Handlesekunst, Kartenlegerei und psychometrisches Hellsehen und andererseits Heilen und Krankmachen, Liebesund Haßzauber, Verfluchen und Fruchtbarkeitszauber, Verfolgen und Abwehren, Bannen und Lösen und schließlich der Todeszauber.

Auch diese Aufzählung kann das Gebiet okkulter Praktiken nur skizzenhaft umreißen. Entsprechende Literatur informiert darüber eingehend und berichtet über die verschiedenen Varianten spiritistischer und okkulter Praktiken.

Damit wir in der Seelsorge nicht schuldig werden, sollte uns in groben Umrissen das Krankheitsbild der Epilepsie, Schizophrenie und Hysterie bekannt sein. Nur so schützen wir uns vor der gefährlichen Behauptung, daß jede Depression dämonische Ursachen hat. Zugleich müssen wir unterscheiden zwischen dämonischer Belästigung, dämonischer Gebundenheit, dämonischer Besessenheit.

Diese Informationen sollten weitergeleitet werden. Wenn Massenmedien systematisch und nahezu pausenlos über spiritistische und okkulte Praktiken berichten, ist es ein Gebot der Stunde, die Gemeinde Jesu zu warnen. Nicht wenige geraten heute vor dem *Fernsehschirm* in die Zone teuflischer Mächte, wenn spiritistische Sitzungen, Magierkongresse und okkulte Experimente gezeigt werden.

In Hosea 11, 7 steht der Satz: „Mein Volk hängt an Bildern." Kann das nicht auch weithin auf unsere Situation übertragen werden?

2. Persönliche Zurüstung

Nicht jeder Seelsorger hat den Auftrag, okkult Belasteten zu helfen. Müßten wir aber nicht angesichts der spiritistischen und okkulten Invasion den Herrn bitten, mehr Männer zu befähigen, diesen schweren und doch so wichtigen Dienst zu tun?! Gewiß ist dazu das Charisma der Kraftwirkungen und der Geisterunterscheidung ebenso nötig wie die geistliche Waffenrüstung. Evangelisten und Seelsorger, die am spiritistischen und okkulten Frontabschnitt kämpfen, müssen um die Kraft des Blutes Jesu wissen und um einen geheiligten Lebensstil bemüht sein. Alles das aber kann der Herr schenken, wenn wir ihn darum bitten.

Blumhardt schreibt in einem Brief: „Die Christen müssen vor Gott als die erscheinen, welche sich für den Sieg wider die Finsternis interessieren und daraufhin die Macht Christi im gläubigen Bitten ergreifen. Der Herr fährt nicht fort, wider den Satan zu streiten, wenn niemand auf Erden ihn darum bittet oder seine Hilfe in Anspruch nimmt."

3. Proklamation

Die evangelistische Verkündigung darf nicht länger die Sünden des Wahrsagens, der Magie und der Totenbefragung ausklammern. Sie müssen beim Namen genannt werden. Den okkult Belasteten und dämonisch Gequälten gilt es zu helfen.

In den ersten nachchristlichen Jahrhunderten war das selbstverständlich. Weil man annahm, daß alle Katechumenen, die aus dem Heidentum kamen, den Dämonen unterworfen seien, mußten sie sich während der Vorbereitungszeit vom Teufel lossagen, dem Exorzismus unterziehen und ein Glaubensbekenntnis sprechen. Erst dann wurden sie getauft.

Die seelsorgerische Erfahrung zeigt, daß Gläubige, die von okkulten Bindungen nicht gelöst sind, zu keinem gesunden geistlichen Wachstum kommen. Darum gilt es, den Sieg Jesu zu proklamieren.

Zugleich aber sollten wir erkennen, daß Spiritismus und Okkultismus heute die Gemeinde Jesu an einer entscheidenden Stelle provozieren. Spiritisten bieten Heilung und satanische Prophetie an. Müssen wir uns dann nicht neu auf das breite Spektrum neutestamentlicher Gnadengaben besinnen, nach der Realität des Heiligen Geistes fragen und mit seinen Kraftwirkungen rechnen?

Gewiß werden wir in der evangelistischen Verkündigung auf die richtigen Proportionen achten müssen. Wir wollen dem Teufel nicht zuviel Ehre geben. Es geht auch nicht darum, sensationell zu verkündigen. Aber weil der Teufel ein geschlagener Feind ist, gilt es, den Sieg Jesu auszurufen. Was J. C. Blumhardt vor hundert Jahren geschrieben hat, ist auch heute aktuell: „Unsere Zeit erträgt es nicht, daß man viel über vorhandene Kräfte der Finsternis rede und denke. Sie meint, durch Stillschweigen Tatsachen auslöschen zu können."

4. Aktion

Wenn wir informieren und proklamieren, wird der Nahkampf mit der Dämonie nicht ausbleiben. Wir brauchen ihn nicht zu fürchten, denn unserem Herrn ist alle Gewalt gegeben im Himmel und auf Erden. Der Dienst an okkult Belasteten sollte sich allerdings an folgenden Punkten orientieren:

a) Nur Jesus Christus kann befreien (Kol. 2, 15).
b) Zaubergegenstände müssen vernichtet werden (Apg. 19, 18—20).
c) Mediale Kontakte sind zu lösen (freundschaftliche Beziehungen zu solchen, die okkult praktizieren).
d) Das recht verstandene Beichtgespräch ist unerläßlich (Jak. 5, 16).
e) Auf das Lossagegebet darf nicht verzichtet werden (2. Kor. 4, 2). In der King-James-Version steht ein treffender Ausdruck für das Lossagegebet: „to renounce the hidden things", das heißt sich lossagen von verborgenen Dingen.

f) Zuspruch der Sündenvergebung (Eph. 1, 7; 1. Joh. 1, 9; Joh. 20, 23).

g) Das Lossprechen ist ein charismatisches Handeln (Matth. 18, 18).

h) Der Gebetskreis ist in vielen Fällen unentbehrlich (Matth. 18, 18).

i) Beten und Fasten (Matth. 17, 14—21).

k) Gebieten im Namen Jesu (Apg. 16, 16—18).

Dieser systematische Aufbau der Seelsorge an okkult Belasteten darf aber nicht zu dem Trugschluß verleiten, es handle sich um eine Methode, die in jedem Fall einwandfrei funktioniert. Der Heilige Geist braucht keine Schablone. Darum ist diese Aufzählung lediglich als Orientierungshilfe zu verstehen.

5. Kommunikation

Der Dienst an okkult Belasteten wird von einem Team eher bewältigt als im Alleingang. Darum sind Hausbibelkreise und Gebetszellen im Kampf mit der Dämonie nahezu unentbehrlich. Sie ermöglichen geistliche Kommunikation, geben dem Evangelisten die nötige Gebetsunterstützung und können solche betreuen, die von okkulten Belastungen frei geworden sind. Die evangelistische Strategie der Zukunft muß die geistliche Kraft der Hausbibelkreise entdecken, fördern und einsetzen.

Zugleich wird es nötig sein, daß Evangelisten und Seelsorge-Teams ihre Erfahrungen im Blick auf den Dienst an okkult Belasteten austauschen und voneinander lernen.

Der Okkultismus ist ein weitverzweigtes Gebiet, das von der theologischen Forschung weithin gemieden wird. Weil aber okkulte Praktiken eine neue offensive Stoßkraft entfalten und dabei lautlos auch die Gemeinde Jesu zu unterwandern drohen, müssen die Verkünder und Evangelisten von morgen informiert und zugerüstet sein. Die praktische Theologie darf das nicht vergessen.

„Jesus ist Sieger!" Dieses alte Blumhardt-Wort wird auch für uns eine neue Leuchtkraft gewinnen, wenn wir uns vom Heiligen Geist erfüllen und senden lassen. George Steed, Superintendent in Indonesien, erwähnt, daß es Mitte 1967 auf West-Borneo 20 Gemeinden gab. Er berichtet, daß der Durchbruch ins tiefste Heidentum anfing, „als die Diener des Herrn begonnen hatten, öffentlich die Kraft der Finsternis herauszufordern,

und im Namen unseres siegreichen Herrn den Dämonen be-
fahlen, aus Besessenen auszugehen. Die Tore der Hölle wank-
ten und Gefangene wurden frei. Das machte dieses finstere
Gebiet zu einem der Lichtorte in der Missionsarbeit der letzten
Jahre." Was dort geschah, kann sich auch bei uns ereignen.

LITERATUR-EMPFEHLUNGEN

A. Lechler und K. Koch:
Belastung und Befreiung, Evangelisations-Verlag Berghausen
K. Koch: Der Spiritismus, dto.
K. Koch: Heilung und Befreiung, dto.
K. Koch: Seelsorge und Okkultismus, dto.
W. C. van Dam:
Dämonen und Besessene, Pattloch-Verlag Aschaffenburg
Rosenberg:
Praktiken des Satanismus, Glock und Lutz Nürnberg
Paul Bauer: Horoskop und Talisman, Quell-Verlag Stuttgart

NACHWORT

Im vorliegenden Buch ist es in beachtlicher Weise gelungen, jene Grenzsituation zu erhellen, die der okkulten Welt eigen ist. Ohne daß gleich eine Glaubensposition vorausgesetzt wird, ist versucht worden, den Leser so in den Bereich der gedanklichen Überlegung mit hineinzunehmen, daß die Freiheit eigener Entscheidung gewahrt bleibt. Aufgrund eigener seelsorgerlicher Erfahrung ist es nicht notwendig, in einer gewissen neutralen Grenzzone des Okkulten gleich übernatürliche Erklärungen zu suchen. Alles, was eine natürliche Deutung zuläßt, braucht in der schöpferischen Begrenzung des Menschentums nicht gleich als Gefahr gesehen zu werden. Allerdings sollte auch der kritische Leser beachten, daß sich hinter der hauchdünnen Wand aller verstandesmäßigen Reflexion leicht eine unheimliche Tiefe verbirgt, die nicht mehr vom Verstand ablotbar ist. Wer eigenwillig die göttlichen Gebote und Begrenzungen überfährt, läuft Gefahr, versucht zu werden und einmal mit der ungelösten Lebensfrage zu enden.

Wenn somit eine gewisse neutrale Zone zwischen der sichtbaren und unsichtbaren Welt anerkannt werden muß, so kann im Experimentierfeld doch auch diese Zone gefährlich werden, wenn sie die eigene Existenzmitte in einen falschen Bezug bringt. Mir ist das in der Seelsorge zur überzeugenden Gewißheit geworden.

Die eigentliche Bannmeile des Okkulten ist immer dann gegeben, wenn das Dämonische in Versuchung führt. Diese Versuchung im Urzweifel: „Sollte Gott gesagt haben?" führt in eine Selbsttäuschung, die nach Kierkegaard in einer Verdoppelung der eigenen Existenz endet. Wann geschieht das? Wenn man die Freiheit so lange eigenwillig oder auch unverschuldet mißbraucht hat, daß das geistliche Hörvermögen für die eigene Existenznot verloren gegangen ist. Was die Bibel mit Besessenheit meint, deutet sich in der Seelsorge vornehmlich als Einengung der Willensfreiheit in der Krisis zwischen

Glauben und Unglauben. Bei schweren okkulten Belastungen kann es in der Seelsorge so erscheinen, als ob der andere in einer personifiziert gelebten Lüge lebt. Das Gewissen als Kontrollmitte ist so abhängig vom jeweiligen Gegenüber, daß jedes gesprochene Ja auch hintergründig als Nein deutbar ist. So meint es Kierkegaard: „Wie viele verstehen sich auf das Dämonische, und eben die *Verdoppelung* ist das Dämonische. Es ist so weit davon entfernt, eine Entschuldigung zu sein, daß es in Wahrheit das furchtbar Versuchende ist. Aber das Dämonische führt in Versuchung" (Kierkegaard, *Tagebücher II*, Eugen Diederichs-Verlag, S. 309).

Wenn somit diesem Werk dadurch eine besondere Note eigen ist, daß es nicht der Anfechtung erlegen ist, durch Wundergeschichten zum Glauben führen zu wollen, sondern in keuscher Weise diese Frage offen läßt, so ist das in der Fülle einer gewissen okkulten Literatur besonders beachtlich und hilfreich. Die Fragen, die die okkulten Phänomene geben, sind echt gestellt, aber nicht aus einer regierenden Vorgegebenheit. Wer immer aber in eigener Belastung um nothaften Kontakt mit der okkulten Welt weiß und in der Unruhe seines Herzens Lösung sucht und sie nicht findet, dem sollte seelsorgerliche Wegweisung gegeben werden. Die Welt der Erscheinung hat ihre Wirklichkeitserfüllung und -erklärung allein in dem gefunden, der dem Tode und dem Teufel die Macht genommen hat, und der das Leben und ein unvergänglich Wesen ans Licht gebracht hat in Seinem Evangelium.

Heinrich Kemner

VERZEICHNIS DER WICHTIGSTEN FREMDWÖRTER

Ästhetizismus: einseitig das Ästhetische betonende Lebenshaltung

Aura: Ausstrahlung des Körpers. Sie wird von → sensitiven und → medialen Personen wahrgenommen

Autosuggestion: Selbstbeeinflussung, Selbsteinredung. → Suggestion

Exorzist: Jemand, der (im Namen Jesu) Dämonen austreibt

Hypnose: Künstlich hervorgerufener Schlafzustand, der mit Suggestion verbunden ist

immanent: innerweltlich, diesseitig

Individuation: psychologischer Reifungs- und Wandlungsprozeß des Selbst, durch den sich eine Person von allen anderen unterscheidet

Kommunikation: Mitteilung, Kontakt

Kommunikator: Geist, der eine Mitteilung überbringt

Kryptomnesie: Hellsehen

latent: verborgen; unter der Oberfläche schlummernd

Medium: Mensch, der die Fähigkeiten besitzt, mit Geistern in Verbindung zu treten

medial: zum → Medium gehörig

Nonkonformist: Mensch, der sich nicht anpaßt

Odkraft: → Aura

ouija-Brett: Gerät, das bei spiritistischen Sitzungen verwandt wird und die Botschaft des Geistes buchstabiert

Parapsychologie: Zweig der Psychologie, der sich mit den über das Normale hinausgehenden psychischen Kräften des Menschen beschäftigt

Prägung: Eindruck bestimmter Ereignisse auf Personen und Orte. Dieser Eindruck wirkt fort, auch wenn das Ereignis selbst längst vergessen ist

Präkognition: Vorauserkennen, Wissen von zukünftigen Tatsachen

Psychometrie: Fähigkeit eines Menschen, beim Anblick eines Gegenstandes Aussagen über den Besitzer, seine Geschichte usw. zu machen

Psychosomatik: Lehre von der wechselseitigen Beziehung von seelischem und körperlichem Wohlbefinden

Satanismus: Religiöse Strömung, in der Satan als Gott angebetet wird

Séance: Spiritistische Sitzung

sensitiv: Für feinste Reize empfindlich, feinnervig

Spiritismus: Lehre von den Geistern Verstorbener, ihren Mitteilungen, die entweder durch → Medien in spiritistischen Sitzungen oder spontan erfolgen

Spiritualismus: a) Lehre von der Wirklichkeit des Geistes oder geistiger Wesen. Der Spiritualist (in diesem Sinne) lehnt den Materialismus ab, sucht aber nicht unbedingt den Kontakt mit Geistern; b) „christliche" → Spiritisten, die christliches Gedankengut verwenden, allerdings wesentliche Aussagen des Neuen Testaments umdeuten

Suggestion: Seelische Beeinflussung einzelner oder von Gruppen

Tarock: Kartenspiel, das oft zum Hellsehen etc. verwendet wird

Telepathie: Gedankenübertragung

Theosophie: Religiöse Strömung, die versucht, durch Ausbildung von Anlagen im Menschen zu einer Gottesschau und zur Kenntnis göttlicher Geheimnisse zu gelangen

Trance: Schlafähnlicher Zustand in hypnoseähnlicher Verzückung

DER BIBELLESEBUND ist eine internationale und kirchlich neutrale Bewegung. Sein Ziel ist, das tägliche, fortlaufende Lesen der Bibel zu fördern und durch seine Literatur und Veranstaltungen Menschen mit Jesus Christus in Verbindung zu bringen.

Als Hilfe für die tägliche stille Zeit gibt der Bibellesebund drei verschiedene vierteljährlich erscheinende Hefte heraus, in denen für jeden Tag ein Bibelabschnitt angegeben und erklärt ist:

1. **Guter Start**
   Bibellesehilfe mit Erklärungen für Kinder
   ab 8 Jahren

2. **Geradeaus**
   Bibellesehilfe mit Erklärungen für junge Leute
   ab 13 Jahren

3. **Begegnung mit Gott** (Schweiz/Österreich)
   Orientierung (Deutschland)
   Bibellesehilfe mit Erklärungen für Erwachsene

Zur Einführung in die Bibel für kleinere Kinder hat der Bibellesebund zwei farbig illustrierte Broschüren herausgegeben:

Meine ersten Schritte mit der Bibel
von Claire-Lise de Benoit
Heft 1: für 6 Monate
Heft 2: Fortsetzung, für weitere 6 Monate

Zur Einführung in die Bibel für junge Leute und Erwachsene ist erschienen:

Auf Gott hören
Erklärungen zu einer Auswahl von Texten aus dem Neuen Testament, für etwa 6 Monate.

In Zusammenarbeit mit dem Bibellesebund und dem
R. Brockhaus Verlag sind als Taschenbuch erschienen:

KURZAUSLEGUNG ZUM NEUEN TESTAMENT

Das Matthäus-Evangelium v. F. F. Bruce
128 Seiten

Das Markus-Evangelium v. I. H. Marshall
104 Seiten

Das Lukas-Evangelium v. E. M. Blaiklock
136 Seiten

Das Johannes-Evangelium v. R. E. Nixon
120 Seiten

Die Apostelgeschichte v. R. P. Martin
128 Seiten

TASCHENBUCH-SONDERAUSGABEN

Teenager zu Hause v. M. Batchelor
Liebe hat keine Schürzenzipfel
2. Aufl., 111 Seiten

Christsein ohne Krampf
13 Christen korrigieren ihre Vorstellungen
2. Aufl., 96 Seiten

So wurde unsere Ehe neu v. A. u. M. Havard
80 Seiten

Treffpunkt Hauskreis v. M. Batchelor
75 Seiten

Wie sie Christen wurden v. A. u. M. Havard
80 Seiten